速読速解日本語中級UP

속독속해 일본어 UP

신JLPT·EJU 대비

중급

Nihongo Factory

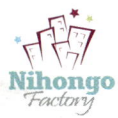

속독속해 일본어 중급 UP

2010년 1월 25일 초판 1쇄 발행
2012년 9월 27일 초판 2쇄 발행

지은이 | 임영철, 김영훈, 기구찌 마사끼 외 연구원 4명
펴낸이 | 이종춘
펴낸곳 | 니혼고팩토리 (성안당)
주   소 | 경기도 파주시 교하읍 문발리 출판문화정보산업단지 536-3
전   화 | 031-955-0511
팩   스 | 031-955-0510
등   록 | 1973. 2. 1. 제13-12호
홈페이지 | www.langfac.com | www.cyber.co.kr
수신자부담 전화 | 080-544-0511
내용문의 | 02-3142-0037

ISBN 978-89-315-1754-5
정가 14,000원 (보이스북 CD 1장 포함)

이 책을 만든 사람들
기획 | 조병희
표지디자인 | 김용호
본문디자인 · 삽화 | 오미영
편집 | 정지용
제작 | 구본철

머리말

저희 필자들은 교재를 '알기 쉽고 재미있는 내용으로 구성하자' 라는 생각으로 집필을 시작하였습니다. 수많은 일본어 교재가 나와 있지만, 내용이 너무 오래되거나 무미건조해 학습자가 지속적으로 흥미를 유지하며 학습하기에는 무리가 따르는 것이 많았습니다.

본 교재는 최근 일본에서 쓰여진 up-to-date적인 수필이나 블로그 등을 채택하여 학습자가 즐겁게 학습할 수 있도록 연구하였습니다. 아울러 신일본어능력시험이나 일본유학시험(EJU) 등 각종 시험에도 대비할 수 있는 중급~상급 전반(N3-N2) 강독용 교재로서 독해, 어휘, 문법, 문형(기능어) 및 작문력을 높이기 위한 종합적인 내용으로 구성하였습니다. 특히 중요 표현에서는 본문에 나오는 기능어를 자세히 해설하여 이해를 돕고, 이와 관련된 유사 표현을 비교, 정리하여 표현 간의 뉘앙스 차이를 익히며 다양한 예문을 통해 표현력을 높일 수 있게 하였습니다.

본 교재는 일본어를 3개월 정도 공부한 학습자들도 쉽게 접근할 수 있도록 1과와 2과는 문형 및 연습문제의 레벨을 N3수준용으로 조금 쉽게 설정하였습니다.
각 과마다 독해용 연습문제를 두어 다양한 문법 및 표현을 연습할 수 있도록 하였습니다. 그리고 3과마다 종합문제를 배치하여 복습할 수 있게 구성하였습니다.

본 교재는 N3-N2용 강독교재로 개발한 것이지만, 본문을 중심으로 회화수업에 사용해도 무난하다고 생각합니다. 따라서 본 교재를 마스터하면 N3-N2 시험 합격에 큰 도움이 될 것이라고 확신합니다.

끝으로 이 교재가 나오기까지는 여러 선생님들로부터의 격려, 조언이 커다란 힘이 되었습니다. 특히 중앙대학교 어린이 일본어 교사과정 교수진과 예비교사 여러분들, 그리고 니혼고팩토리 관계자 여러분께 감사 말씀드립니다. 동시에, 본 교재가 크나큰 미래를 향해 가는 학습자 여러분에게 많은 도움이 되기를 바랍니다.

필자 일동

이 책의 구성 및 특징

〈속독속해 일본어 중급 UP〉은 신일본어능력시험 N3에서 N2로 향상시키기 위해 반드시
익혀야 할 문형 중심으로 구성된 독해책입니다.

❶

이 교재는 총 12과와 종합문제 및 부록
으로 구성되어 있습니다.
각 과는 본문, 본문에서 체크할 중요 표
현, 연습문제, 연습문제에서 체크할 새로
운 표현으로 이루어져 있습니다.

❷

각 본문은 학습자가 흥미를 가지고 접근
할 수 있도록 최근 일본에서 쓰여진 다
양한 분야의 글들로 구성하였습니다.

❸

본문에서 체크할 중요 표현은 본문에서
다룬 중요 표현을 자세한 문법적인 설명
과 예문을 통하여 스스로도 학습할 수
있게 하였습니다.

❹

연습문제에서는 본문 내용 확인 및 일본
어시험(신일본어능력시험, EJU 등) 관련
된 중요 문법, 문형 문제들을 다루었습
니다.

❺

연습문제에서 체크할 중요 표현은 본문에서 다뤄진 표현 이외의 표현을 제시하여 일본어 표현의 확장성을 도모하였습니다.

❻

세 과가 끝날 때마다 배치한 종합문제는 본문 내용에 대한 듣기 문제와 쓰기 문제로 구성되어 있습니다. 충분히 학습한 후에 풀어 보십시오.

❼

부록에는 본문과 중요 표현의 예문 해석, 연습문제, 종합문제의 해답이 실려있습니다.

❽

종이책을 그대로 컴퓨터에서 볼 수 있도록 프로그래밍한 e-book CD 1장을 특별부록으로 제공하며, 독해 본문과 듣기 문제 등을 녹음한 MP3 파일을 무료로 다운로드 받을 수 있습니다. 독해 연습뿐만 아니라, 듣기 연습도 할 수 있는 일석이조의 교재입니다.

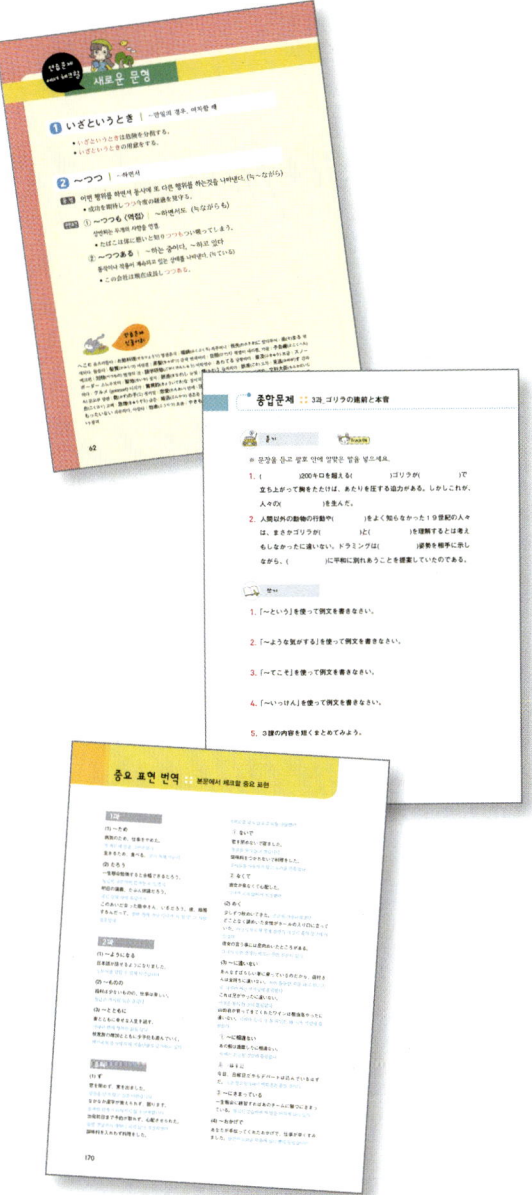

목차

1 原宿駅

とんがりやねのかわいらしい建物。それが日本一のおしゃれタウンの玄関口、原宿駅だ。米軍の宿舎があったことから「日本でアメリカを感じられる街」として、流行の最先端を行く現在の街のキャラクターが作られていった。伝統と現代がいきづく今の雰囲気をそのまま残してほしいと、地元の人たちは考えている。

1과 :: 原宿駅  Track 01

　修学旅行などで訪れた人の中には、その小ささに驚いた人も多いのでは？
白壁にとんがり屋根。ヨーロッパの小さな教会のようなかわいらしい建物が、
日本屈指の「おしゃれタウン」の玄関口、原宿駅だ。

　大正10(1921)年に建設された現在の駅舎は、当時流行したという欧風ハーフ
・ティンバー様式。戦災からも免れ、都内最古の木造駅舎でもある。建設当時
は今ほどの利用者を想定していなかったため、改札口に向かう通路は狭く、電
車発着時の混雑は慢性的となっている。

우와~
예쁜 역이다

▶ 신출어휘 ◀

修学旅行(しゅうがくりょこう) 수학여행 | 訪(おとず)れる 방문하다 | 白壁(しろかべ) 흰벽 | 屋根(やね) 지붕 | 駅舎(えきしゃ) 역사 |
欧風(おうふう) 유럽풍 | 想定(そうてい) 상정, 어떤 상황을 가정함 | 改札口(かいさつぐち) 개찰구 | 通路(つうろ) 통로 | 発着(はっち
ゃく) 발착 | 混雑(こんざつ) 혼잡 | 慢性(まんせい) 만성 | 参道(さんどう) 신사・절의 참배로 | 欅(けやき) 느티나무 | 駐留軍(ちゅう
りゅうぐん) 주둔군 | 宿舎(しゅくしゃ) 숙소 | 竹(たけ)の子族(こぞく) 다케노코족 | 拠点(きょてん) 거점

「もともと利用者の少ない駅でしたから。私が小さいころは表参道も車通りがなく、野球をして遊んでいました。今では想像もつかないでしょう」と話すのは、表参道商店街振興組合「原宿表参道欅会」の松井誠一理事長 (56)。

　原宿駅周辺は、戦後、現在の代々木公園の場所に駐留米軍の宿舎「ワシントンハイツ」が建設されたことで、大きく変わり始める。表参道には米兵向けの店が並び、「日本でアメリカを感じられる街」として、流行の最先端を行く現在の街のキャラクターが形作られていった。

　その後も、「竹の子族」や「タレントショップ」など流行の発信拠点として、多くの若者を引きつけてきた。とかくトレンドばかりが注目されがちだが、松井理事長は「今の原宿は、明治神宮の存在抜きには語れない」と話す。

　例えば表参道。明治神宮建設に合わせて造られた参道だが、両端から中央に向かってゆるやかな下り坂になっている。これは自然の地形ではなく、人工的に地面を削って造られたことが古い資料にも残っている。

　「なぜ地面を削ったのかは不明だが、中央が低くなることで、参道のどこに立っても約１キロの全景が見渡せる。参道の向きも、元旦の日の出が延長線上に昇るようになっている。すごく計算された道。歩いているだけでも気持ちが良いでしょう。この環境を私たちが壊さない限り、人が集まるのは必然なんです」（松井理事長）

造(つく)る 창조하다, 만들다 | 両端(りょうたん) 양단, 처음과 끝 | 削(けず)る 깎다 | 向(む)き 방향 | 計算(けいさん) 계산 | 維持(いじ) 유지 | 両側(りょうがわ) 양측 | 制限(せいげん) 제한 | 設計(せっけい) 설계 | 広告(こうこく) 광고 | 商店会(しょうてんかい) 상점회 | 名称(めいしょう) 명칭 | 改(あらた)める 고치다 | 伝統(でんとう) 전통 | 共存(きょうぞん) 공존 | 地元(じもと) 고장 | 協議会(きょうぎかい) 협의회

景観維持のため、表参道の両側は30メートルの高さ制限を設け、屋上広告を禁止。街のアイデンティティーは明治神宮にあると、8年前にはシャンゼリゼ会だった商店会の名称も改めた。駅舎をはさんで、日本の伝統と、流行の先端が共存する街。それだけに、原宿駅に対する地元の関心は高い。地元町会や商店会などからなる「原宿神宮前まちづくり協議会」は、10年ほど前からJRに対し「この場所に駅ビルはいらない。現在の駅舎の雰囲気を残してほしい」と要望し続けているという。中村和博駅長(51)も「緑が多く、歴史もある駅で、私自身も愛着がある。手狭で使いづらい面はあるが、その分、職員の接客サービスでカバーしていきたい」と話す。年始には明治神宮への初詣客で、駅の利用者はピークとなり、普段は使われない明治神宮側の臨時ホームも開放される。来年の初日の出もケヤキ並木を赤く照らし、まっすぐに伸びた表参道の姿を神々しく浮かび上がらせることだろう。

◆ 신출어휘 ◆

愛着(あいちゃく) 애착 | 手狭(てぜま) 비좁음 | 初詣(はつもうで) 첫 참배 | 普段(ふだん) 보통 | 神々(こうごう)しい 숭고하다, 거룩하다 | 浮(う)かび上(あ)がる 떠오르다

1 〜ため ┃ ~때문에 (이유), ~위해 (목적)

접속 **동사 사전형 + ため**
명사 + の + ため

용법 ① 이유
- 病気のため、仕事をやめた。

② 목적
- 生きるため、食べる。

2 〜だろう ┃ ~일 것이다 (추측, 비단정)

접속 **동사 사전형 + だろう**
명사 · イ형용사 사전형 · ナ형용사 어간 + だろう

용법 ① 문장체에 사용할 때 (주로 독백)
- 一生懸命勉強すると合格できるだろう。

② 회화체에 사용할 때
- 확인
- 明日の講義、たぶん休講だろう。
- 지식의 활성화 (상대방과의 대화를 전개하기 위한 용법)
- このあいだ会った田中さん、いるだろう。彼、結婚するんだって。

:: 연습문제

 본문 내용 확인

1. 原宿駅は大きいですか。

2. 屋根の形はどうですか。

3. 参道の向きはどうなっていますか。

4. 商店会の名前が「シャンゼリゼ会」から何に変わりましたか。

5. 地元の人たちは原宿駅にどんな要望をしていますか。

문법 · 문형

1_ [疑問の言葉] 四角の中からふさわしいものを選んでみましょう。

なぜ	なに(なん)	どれ	どうやって	だれ	どこに

a. それは( )ですか？(what)

b. きみは( )行くの？(where)

c. ( )がゲームで勝ちましたか？(who)

d. きみは( )ここまで来たの？(how)

e. きみの本は( )ですか？(which)

f. 彼が( )その日学校に行かなかったか、だれも知らない。(why)

2_ [助詞の問題] ( )の中にひらがなを一つ入れなさい。

a. 小さいころ野球( )して遊んでいました。

b. 原宿は日本( )アメリカを感じられるまちです。

c. 新宿( )東京都庁があります。

d. この単語は発音する( )がむずかしいです。

e. JR( )対し、いろいろな要望が寄せられている。

f. 歩いているだけで( )気持ちがいいです。

단어 東京都庁(とうきょうとちょう) 도쿄도청 | 要望(ようぼう) 요청

3_ [ために・ように・のに] 四角の中の語を入れて自然な文章にしなさい。

ために	ように	のに

a. 彼女は日本語を勉強する（　　　　　　　）日本へ行った。

b. アメリカへ行く（　　　　　　）必要な書類は何ですか。

c. 赤ちゃんがだんだん歩ける（　　　　　　）なりました。

d. 工場の中ではタバコを吸わない（　　　　　　）してください。

e. この工具はねじをしめる（　　　　　）使います。

f. CO₂を減らす（　　　　　　）多くの人が研究している。

g. 風邪をひかない（　　　　　　）注意してください。

 일본어능력시험대비

前略
アン・ジウンさん
　せんじつは、おみやげをいただきましてありがとうございました。みんなでアンさんのふるさとを想像しながら、とてもおいしくいただきました。きれいな山と渓谷が有名だとおっしゃっていましたね。いつか私たちもぜひ（　a　）と思っています。そのときは、あちこち案内してくださいね。
　では、ご家族のみなさんにも（　b　）おつたえください。
　　　　　　　　　　　　　　　　　　　　　　　　　　　　　　草々

[1] (a)に入るふさわしいものは何か。

　1. 買いたい　　2. 食べたい　　3. 来たい　　4. 行きたい

[2] (b)には何が入るか。

　1. なにか　　2. どうして　　3. よろしく　　4. よろこんで

[3] アンさんのふるさとはどんな地方ですか。

　1. 海の地方　　2. 山の地方　　3. 大都会　　4. 地下街

[4] 「渓谷」の発音はどれか。

　1. けいこく　　2. けこく　　3. けいごく　　4. けごく

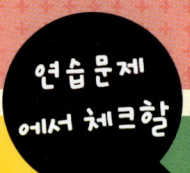

연습문제
에서 체크할

새로운 표현

1 ～ように | ～하도록

용법 ① 권고

- 風邪をひかないように体をあたたかめにしてください。

② 가능한 상태로의 변화

- 日本語が話せるようになりました。

2 ～のに | ～하는데

용법 목적이나 수단

- このはさみは紙を切るのに使います。

연습문제
신출어휘

野球(やきゅう) 야구 | 都庁(とちょう) 도청 | 単語(たんご) 단어 | 発音(はつおん) 발음 | 要望(ようぼう) 요청 | 寄(よ)せる 의탁하다 | 工具(こうぐ) 공구 | しめる 죄다 | 減(へ)らす 줄이다 | 研究(けんきゅう) 연구 | 注意(ちゅうい) 주의 | 想像(そうぞう) 상상 | 渓谷(けいこく) 계곡 | 案内(あんない) 안내

16

2

身体を動かす 楽しみ

10代の頃はただやみくもに体を動かしていただけだったが、30歳を過ぎた頃から自分の意識が身体の内側に向くようになってきた。体の癖や歪みに気づくようになり、眠っていた体の機能が回復してくるようだ。今体を動かすことが非常に楽しい。

2과 ∷ 身体を動かす楽しみ  Track 02

　身体を動かすことが楽しい。当たり前のことだと笑われるかもしれないが、30歳を過ぎた頃からそのことが今までとは違った意味で自覚できるようになった。身体を動かすことの喜びを覚えてからは、暇な週末は山に登ったり、河川敷をジョギングしたり、平日の不健康をおぎなって余るくらい健康的に過ごしている。

　中学、高校時代は運動部に所属していたものの、それほど運動が得意ということもなかった。それで大学に入るとともに運動からは遠ざかってしまった。スポーツには、記録や勝敗を競う競技としての側面と、心地よさや楽しさを感じることを目的とするレジャーとしての側面がある。学校の部活動や体育の授業で行うスポーツは、あくまでも競技であり、どのように身体を動かせば気持ちよくなれるかなんてことは教えてもらえない。そこでは、身体を弛緩させることよりも緊張させることが強いられている。なので、運動能力が高くない人は、自分はスポーツには向いていないと思わざるをえない。自分のリズムやペースに合わせて身体を動かせば、誰でも心地よさを感じることができると思うのだけれど。

신출어휘

身体(からだ/しんたい) 신체 | 自覚(じかく) 자각 | 暇(ひま)だ 한가하다 | 週末(しゅうまつ) 주말 | 登(のぼ)る 오르다 | 河川敷(かせんしき) 하천부지 | 平日(へいじつ) 평일 | 余(あま)る 남다 | 所属(しょぞく) 소속 | 得意(とくい)だ 자신있다 | 記録(きろく) 기록 | 勝敗(しょうはい) 승패 | 競(きそ)う 경쟁하다 | 心地(ここち) 기분 | 競技(きょうぎ) 경기 | 弛緩(しかん) 이완 | 緊張(きんちょう) 긴장

18

10代の頃の私がスポーツをする時といえば、あまり何も考えずただやみくもに身体を動かしていた。その当時と今とを比べると、体力面での衰えは明らかだろう。けれど、それと引き換えに、自分の意識が身体の内側に向くようになってきたことを感じる。運動を続けていると、これまでは無自覚だった自分の身体の癖や歪み、どの筋肉が動かせていないのかなんてことにも気づくようになってきた。そして、そこを意識するようにすれば、日数はかかるけれども、小刻みにプルプル震えるだけだった筋肉が思うように動き始める。今まで眠っていた身体の機能が少しずつ目覚めているのだと思う。

衰(おとろ)え 쇠약 | 引(ひ)き換(か)え 교환하다 | 意識(いしき) 의식 | 内側(うちがわ) 안쪽 | 向(む)く 향하다 | 癖(くせ) 버릇 | 歪(ゆが/ひず)み 비뚤어짐 | 筋肉(きんにく) 근육 | 気(き)づく 생각나다, 깨닫다 | 日数(にっすう) 일수 | 小刻(こきざ)み 조금씩 | 眠(ねむ)る 잠들다 | 目覚(めざ)める 깨닫다

自分の身体でありながらも、どこか違和感があった部分が、自分の身体の一部になっていくような感覚がある。これが、今の私にとっての身体を動かすことの楽しみになっている。

　年が明けて早々、今まで縁がなかったスキーに挑戦する機会にも恵まれた。このエッセイを書いている今も、筋肉の奥深いところがなんだか痛気持ちい。ただの筋肉痛なのだろうけれども、この痛みの先に待っているだろう新たな身体感覚のことを思うと少しワクワクする。

━━━━━◆ 신출어휘 ◆━━━━━

違和感(いわかん) 위화감 ｜ 感覚(かんかく) 감각 ｜ 早々(そうそう/はやばや) 일찍 ｜ 挑戦(ちょうせん) 도전 ｜ 機会(きかい) 기회 ｜ 恵(めぐ)まれる 좋은 환경이 주어지다 ｜ 奥深(おくふか)い 깊숙히 들어가 있다 ｜ 筋肉痛(きんにくつう) 근육통 ｜ 痛気持(いたきも)ちい 아프지만 기분 좋은

중요 표현

1 〜ようになる | ~하게 되다 (가능한 상태로의 변화)

접속 동사 사전형 + ようになる

- 日本語が話せるようになりました。

2 〜ものの | ~이지만, ~인데도

접속 동사 사전형 · い형용사 사전형 + ものの
な형용사 어간 + な + ものの

- 給料は少ないものの、仕事は楽しい。

3 〜とともに | ~와 함께, ~에 따라서

접속 동사 사전형 · 명사 + とともに

용법 ① ~와 동시에

- 弟の帰国とともに家がにぎやかになった。

② ~와 함께

- 妻とともに幸せな人生を過す。

③ ~에 따라서 (상관관계)

- 核家族の増加とともに少子化も進んでいく。

본문 내용 확인

1. 体を動かす喜びをおぼえてからどのように過ごしていますか。

2. スポーツには二つの側面があると筆者は言っていますが、どんな側面ですか。

3. 10代のころと今と比べるとどのように違いますか。

4. 体を動かすことの楽しみはどんなところにあると言っていますか。

문법·문형

1_ [補助動詞] 四角の中の語を変化させて_____にいれなさい。

| みる | くる | いる | おく | しまう | いく |

a. 電車のなかにカバンを忘れて_____ました。

b. 子どもたちは静かに勉強して_____ます。

c. このスカート、はいて_____てもいいですか。

d. 使った道具はかたづけて_____てください。

e. これまで父は家族のためだけに、働いて_____ました。

f. これからも日本語の勉強をつづけて_____ます。

단어 電車(でんしゃ) 전차 ┃ 道具(どうぐ) 도구

2_ [接続の問題] 四角の中から一番ふさわしいものを選びなさい。

| それから | そして | そこで | すると | つまり | それに | それで |

a. タクヤは、きのうヨウコとけんかした。(　　　　)機嫌が悪いのだ。

b. リンゴとオレンジと、(　　　　)イチゴを買ってきました。

c. 先生が部屋に入ってきた。(　　　　　)、子供たちは静かになった。

d. 今度、新車を買うことになりました。(　　　　　)お聞きしたいのですが…。

e. この店、料理がおいしいね。(　　　　)値段も安い。

f. 沖縄タイムスから来年のカレンダーが届きました。(　　　)もう年末ってことね。

g. パスタを作った。(　　　　)撮った。ブログにあげた。

単語 機嫌(きげん) 기분 ┃ 沖縄(おきなわ) 오키나와 (지명) ┃ 年末(ねんまつ) 연말 ┃ パスタ 스파게티

3_ [擬態語] 例のように、四角の中の語を入れて自然な文章にしなさい。

> わくわく ┃ いらいら ┃ どきどき ┃ ふらふら
> はらはら ┃ もじもじ ┃ るんるん
>
> [例] 毎日(　わくわく　)するような授業だったらいいですね。

a. 気分はいつも(　　　　　　　)です。

b. 信号待ちで(　　　　　　)しちゃった。

c. みどりは、恥ずかしそうに(　　　　　　)しながら花束を彼にわたした。

d. 終電に間に合うか(　　　　　　)しながら駅まで走った。

e. ゆうべは蒸し暑くて一睡もできず、からだが(　　　　　)しています。

f. すてきな先輩と手がふれると(　　　　　　)しちゃうんです。

単語 信号(しんごう) 신호등 ┃ 花束(はなたば) 꽃다발 ┃ 終電(しゅうでん) 마지막 전철
蒸(む)し暑(あつ)い 무더위 ┃ 一睡(いっすい) 한숨 자는 일 ┃ ふれる 닿다, 스치다

:: 연습문제

　　ちょっぴり元気がでないとき…そんな時は、おさななじみのタカちゃんと夜にお出かけするか電話で話すかの私。どうしても気持ちの切りかえに時間が（　a　）時は、おさななじみに元気を分けていただくのです。お出かけの場合はいっしょにコンビニにいったり、ファーストフードでお茶したりの会話を楽しむ本当にありふれた夜の1時間。それだけで、すっごい心が楽になります。最近の近況だったり、もう一人の別のおさななじみの話だったり、他愛のない話をしているうちに（　b　）になれるんです。そして何よりはげましがほしいときには、

　　「タカちゃんなぐさめて～！」

と一言いえば

　　「悲しい時もあるっすよ！大丈夫だって」

とスカッと軽い口調と満面の笑みが返ってきます。毎回同じセリフで、理由も聞かず答えて笑うだけなんだけど、そのありふれた言葉と笑顔のおかげで本当に心もカラっとしちゃうんです。

[1] (a)に入るふさわしいものは何か。

　1. かかっちゃう　　　2. かけちゃう　　　3. でちゃう　　　4. かりちゃう

[2] (b)には何が入るか。

　1. 恋愛　　　2. 同情　　　3. 意欲　　　4. 元気

[3] タカちゃんと私の関係は？

　1. いとこ　　　2. 兄弟　　　3. おさななじみ　　　4. コンビにの店員

[4] 「他愛のない」の意味はどれか。

　1. 関係のない　　　2. 重要でない　　　3. 他人ではない　　　4. 愛情のない

새로운 표현

1 それから | 그리고

용법 열거
- 授業は火曜日と水曜日それから木曜日にあります。

2 そして | 그리고

용법 계속, 병립
- 彼はキムさんに会いました。そしてパクさんも会いました。

3 そこで | 그래서, 그런 까닭으로, 그런데

용법 이유, 시점
- 血液型はいつもB型が悪く言われます。そこで、実際はどうなのか 例をあげてみますので、みなさんの感想をお聞かせ下さい。

4 すると | ～하니까

용법 조건 관계 (앞의 내용이 일어나서 뒤의 일이 따라 일어난다)
- パスワードを押した。すると、ドアが自動的に開いた。

새로운 표현

5 **それに** | 더욱이, 게다가

`용법` 내용 첨가

- 彼女はきれいだ。それに、頭もいい。

6 **それで** | 그렇기 때문에

`용법` 이유

- 明日就職試験だ。それで、明日バイトを休む。

7 **〜ているうちに** | 〜하고 있는 동안에

`용법` 시간적인 범위를 나타냄

- 音楽を聞いているうちに眠ってしまいました。

연습문제
신출어휘

機嫌(きげん) 기분 | 年末(ねんまつ) 연말 | パスタ 스파게티 | 撮(と)る 촬영하다 | 信号(しんごう) 신호등 | 恥(は)ずかしい 창피하다 | 花束(はなたば) 꽃다발 | 終電(しゅうでん) 마지막 전철 | 蒸(む)し暑(あつ)い 무더위 | 一睡(いっすい) 한잠 | ちょっぴり 조금, 약간 | 近況(きんきょう) 근황 | 他愛(たあい)のない 쓸데없다 | 口調(くちょう) 어조, 말투 | 満面(まんめん) 만면 | 関係(かんけい) 관계

26

3 ゴリラの建前と本音

ゴリラが胸をたたくドラミングという行為は、実は建前上のものである。戦う姿勢を相手に示しながら平和に別れあうことを提案しているのである。ゴリラにさえ本音と建前があるのに、最近の人間同士の触れ合いをみていると、本音と建前を使い分けなくなっている気がする。行為の底に潜むメッセージを読み解くのが人間社会の重要な約束事なのだが。

3과 :: ゴリラの建前と本音  Track 03

　今の若い人は自己主張が下手だという。たしかに自分の考えを他人に理解してもらうのは難しい。主張が弱すぎれば相手にわからないし、強すぎれば敬遠される。

　ゴリラは両手で胸をたたいて自己主張をする。これをドラミングという。体重200キロを超えるオスゴリラが二足で立ち上がって胸をたたけば、あたりを圧する迫力がある。しかし、これが人々の誤解を生んだ。アフリカ奥地で初めてゴリラに出会った欧米の探検家たちは、ドラミングをゴリラの凶暴な戦いの宣言と見なしたのである。

　おかげでゴリラは100年以上もの間、好戦的な猛獣として扱われ、動物園の頑丈な檻に入れられることになった。ドラミングが実は見せかけのもので、オス同士が戦わずに別れあう一種の儀式めいた行為だとわかったのは、20世紀後半になってからのことである。

　人間以外の動物の行動や心理をよく知らなかった19世紀の人々は、まさかゴリラが建前と本音を理解するとは考えもしなかったに違いない。ドラミングは戦う姿勢を相手に示しながら、対等に平和に別れあうことを提案していたのである。

▶ 新出語彙

自己主張(じこしゅちょう) 자기 주장 | 他人(たにん) 타인 | 理解(りかい) 이해 | 主張(しゅちょう) 주장 | 相手(あいて) 상대 | 敬遠(けいえん) 경원, 멀리함, 피함 | 体重(たいじゅう) 체중 | 圧(あっ)する 압도하다 | 迫力(はくりょく) 박력 | 誤解(ごかい) 오해 | 奥地(おくち) 오지 | 欧米(おうべい) 구미(유럽과 미국), 서양 | 探検家(たんけんか) 탐험가 | 凶暴(きょうぼう) 난폭 | 宣言(せんげん) 선언 | 見(み)なす 간주하다, 가정하다 | 好戦的(こうせんてき) 호전적 | 猛獣(もうじゅう) 맹수 | 扱(あつか)う 취급하다 | 頑丈(がんじょう) 튼튼함 | 檻(おり) 우리 | 同士(どうし) 사이, 패거리 | 戦(たたか)う 싸우다 | 儀式(ぎしき) 의식 | 世紀(せいき) 세기

人間は好んでこういう一見大げさな振る舞いをする。親父がちゃぶ台をひっくり返すのも、周囲がその意味と効果を理解していてこそ通用する行為だった。しかし最近の人間同士の触れ合いを見ていると、建前と本音を使い分けなくなっているような気がする。行為の明示的な意味だけが伝えられ、その是非が話題に上る。行為の底に潜んだメッセージを読み解くのは、人間社会に重要な約束事だった。かつてゴリラを誤解したように、私たちは身近な人間の行為を誤解し始めているのかもしれない。

心理(しんり) 심리 | 行動(こうどう) 행동 | 建前(たてまえ) 겉마음, 표면상의 방침 | 本音(ほんね) 속마음 | 姿勢(しせい) 자세 | 対等(たいとう) 대등 | 平和(へいわ) 평화 | 別(わか)れあう 서로 헤어지다 | 提案(ていあん) 제안 | 好(この)んで 곧잘 | 振(ふ)る舞(ま)い 행동 | 親父(おやじ) 아버지 | ちゃぶ台(だい) 밥상 | ひっくり返(かえ)す 뒤짚어엎다 | 周囲(しゅうい) 주위 | 効果(こうか) 효과 | 通用(つうよう) 통용 | 触(ふ)れ合(あ)い 만남, 접촉 | 明示的(めいじてき) 명시적 | 是非(ぜひ) 시비 | 潜(ひそ)む 숨어 있다 | 読(よ)み解(と)く 해독하다 | 約束(やくそく) 약속

1 ～おかげで | ～덕분에, ～때문에

용법 ～가 원인으로 좋은 결과를 얻은 경우에 사용할 뿐 아니라, 비꼬거나
빈정거릴 때도 사용한다.

- あなたが手伝ってくれたおかげで、仕事が早くすみました。
- 君のおかげで、ひどい目にあったよ。

2 ～ず | ～않고, ～않아

접속 동사 ない형 + ず

[예외] する → せず

용법 주로 中止形에 사용하고 付帯状況(동시진행, ～한 상태로), 원인,
이유, 수단을 나타낸다.

- 窓を閉めず、家を出ました。
- なかなか漢字が覚えられず、困ります。
- 出発前日まで予約が取れず、心配させられた。
- 調味料を入れず料理をした。

관련표현 ～ないで, ～なくて

① ないで : ～하지 않고, ～하지 말고
  付帯状況(동시진행, ～한 상태로), 수단, 병렬 등에 사용한다.
  - 窓を閉めないで寝ました。
  - 調味料をつかわないで料理をした。

② なくて : 원인, 이유, 병렬에 사용
  - 彼女が来なくて心配した。

3 **〜めく** | 〜다워지다, 〜경향이 있다, 〜처럼 보이다

접속 **명사 + めく**
- 少しずつ秋めいてきた。
- どことなく謎めいた女性がホールの入り口に立っていた。
- 彼女の言う事には皮肉めいたところがある。

4 **〜に違いない** | 〜임에 틀림없다

접속 **명사 · 동사 사전형 + に違いない**
　　　イ형용사 사전형 · ナ형용사 어간 + に違いない

용법 말하는 사람의 직감적인 확신을 나타냄
- あんなすばらしい車に乗っているのだから、田村さんは金持ちに違いない。
- これは兄がやったに違いない。
- 山田君が買ってきてくれたワインは相当高かったに違いない。

관련표현 ① **〜に相違ない** | 〜임에 틀림없다
- あの船は遭難したに相違ない。

② **〜はずだ** | 〜일 것이다 (말하는 사람이 논리적으로 생각한 결과의 확신을 나타냄. 객관적인 사실을 표현할 때 사용한다)
- 今日、日曜日だからデパートは込んでいるはずだ。

③ **〜にきまっている** | 〜하게 마련이다, 〜하게 되어있다
- 一生懸命に練習すればあのチームに勝つにきまっている。

:: 연습문제

본문 내용 확인

1. ゴリラは自己主張するときどうしますか。

2. 欧米の探検家たちはドラミングを見て、どのように誤解しましたか。

3. ドラミングは実はどういうものですか。

문법 · 문형

1_ [ことに・ように] 「ことにする」、「ことになる」、「ようにする」、「ように なる」を適当に変化させて文章を完成させなさい。

a. その話は、なかった＿＿＿＿＿＿＿＿＿＿＿＿ください。

b. 金先生は来年から日本の大学で講義する＿＿＿＿＿＿＿＿＿＿いる。

c. このプロジェクトで失敗したら会社を辞める＿＿＿＿＿＿＿だろう。

d. 日本で生活すれば、普通日本語が上手に話せる＿＿＿＿＿＿ものだ。

e. 健康のためできるだけ油分の多い肉は食べない＿＿＿＿＿＿＿が、 きょうのようなパーティの場合は別だ。

> **단어** 油分(あぶらぶん) 기름기

2_ [「〜ば〜し」の構文] (　　　　　)の中に適当なことばを入れなさい。

a. 肩もみの場合、弱すぎれば(　　　　　　　　)がないし、強すぎれば (　　　　　　　　)だけだ。

b. 歯磨きの場合、力が弱すぎれば(　　　　　　　)し、強すぎれば (　　　　　　)しまいやすい。

c. 塩や砂糖も、取り(　　　　　)体に(　　　　)し、取らなければ (　　　　　　　)が出ない。

d. 製品をはさむ力が強すぎれば(　　　　　　)し、(　　　　　　　) 持ち上がらない。

32

e. 政府の発行(　　　　　　　　　)が多すぎれば(　　　　　　　　　)になるし、
　少なすぎれば(　　　　　　　　　)になる。

단어 肩(かた)もみ 어깨 주무르기

3_ [副詞・接続の語など] **四角の中の語を入れて自然な文にしなさい。**

| かつて | 実は | たしかに | おかげで | もの | まさか | 好んで | 一見 |

a. 人はなぜ年をとると苦い物を(　　　　　　　　　)食べるようになるので
　しょうか。

b. ゲームは(　　　　　　　　　)おもしろいんですが、何度もやってると
　やはり飽きてきますね。

c. (　　　　　　　　　)彼が逮捕されるとは。想像もしていなかったことだ。

d. 彼女は(　　　　　　　　　)まじめそうな女の子だったが、(　　　　　　　　　)
　とんでもない性格の持ち主だった。

e. あの選手も年をとって、(　　　　　　　　　)の実力にかげりが見えてきた。

f. 何万人(　　　　　　　　　)観客が、*嵐のコンサートに集まった。

g. 面接で隣の学生が上手に話した。こうなるともう、すでに集中力も欠き、
　会話はボロボロ。(　　　　　　　　　)さんざんの出来だった。

단어 ボロボロ 엉망 | *嵐 아라시. 일본 가수그룹 이름

4_ [～めく] **「めく」を使って自然な文になるようにしなさい。** (四角の語を使用すること)

| 秘密 | 冗談 | 春 | 脅迫 | 謎 |

a. 雪も解け、だんだん(　　　　　　　　　)きました。

b. 紫の花には、ちょっと(　　　　　　　　　)魅力がありますね。

c. それは、打ち上げパーティでの(　　　　　　　　　)アイディアから生ま
　れた企画だった。

d. ある映画プロダクションに（　　　　　　　　）メールが送られてきた。

社長はすぐ警察に届け出た。

e. 序盤から非常に緊迫感に満ちたスペクタクルと、（　　　　　　　　　）

ストーリー展開にぐいぐい引き込まれていくのを感じる。

序盤(じょばん) 초반 ｜ ぐいぐい 쭉쭉 ｜ **脅迫**(きょうはく) 협박 ｜ **謎**(なぞ) 수수께끼, 의문 ｜ **スペクタクル** 장대한

5_ [複合動詞「〜あう」] 四角の中からふさわしいものを選んで、形を変え
て（　　）の中に入れなさい。

殴りあう ｜ 話しあう ｜ 理解しあう ｜ 助けあう ｜ 出しあう ｜ 補いあう ｜ 憎しみあう

a. その問題について、みんなでよく（　　　　　　　　　）。

b. お互いに（　　　　　　　　）生きる大切さを、もう一度考えてみよう。

c. 友だち同士自分にないものを（　　　　　　　　）いけばいいのでは

ないでしょうか。

d. 夫婦は愛し合うと共に（　　　　　　　）のが当然であるという、作家

坂口安吾のことばがある。

e. 毎朝アイデアを（　　　　　　　　）緊張と興奮を生み出そう。

f. （　　　　　　　　）の喧嘩をしたあと、友情が芽生えることも多い。

g. 僕たちはあの夜に何かを（　　　　　　　　）ような気がする。

坂口安吾(さかぐちあんご 고유명사) 작가이름 ｜ 芽生(めば)える 움트다

34

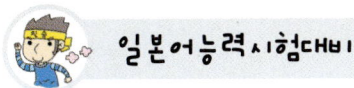

　自宅で縫製の仕事をしていた母親の影響で、洋裁やファッションの本に囲まれて育ったという佐々木さん。服といえば母の手作りだったが、小学生になると時々自分でデザインするようになった。「自己表現の（　ａ　）は服にあるといってもいいぐらい、何を着るかを考えるのが好きでした」

　手作りにも夢中になった。就職したてでお金がなかったころ、高くて手の届かないセーターがあれば、デザインを似せて自分で編んだ。原毛を染め、紡ぎ、毛糸作りから始めることも。「どう作るかを考えるのが楽しかった。今でもクラフト感のあるものを見ると、創作意欲が刺激されます」と目を輝かせる。

　年を重ねる（　ｂ　）に、イメージする自分と、実際の自分とのギャップが大きくなっていることに気づく場面が増えてきたという。そんな自分に落胆したり、年相応かを気にして服選びに迷う時もある。でも、佐々木さんのおしゃれに対する気持ちは実に［　Ａ　］前向きだ。

　「年齢にとらわれているとおしゃれを楽しめないし、どんどんおばさんになる。だから私は、着たいものを着て、体にいいと思うものは何でも試すことにしています。」

単어　縫製(ほうせい) 봉제 ｜ 原毛(げんもう) 원모 ｜ 紡(つむ)ぐ 실을 잣다, 켜다 ｜ クラフト感(かん) 수공예 느낌

[1] (a)に入るふさわしいものは何か。

　1. 中央　　　2. 周辺　　　3. 原点　　　4. 原理

[2] (b)には何が入るか。

　1. だけ　　　2. こそ　　　3. まま　　　4. ごと

[3] 就職したてとはどういう意味か。

　1. 就職の準備　　　2. 就職したばかり　　　3. 就職する前　　　4. 就職のシーズン

[4] 本文[A]部分の前向きと似ている意味はどれか。

　1. 積極的　　　2. 消極的　　　3. 前提的　　　4. 前進的

[5] 「年相応」の発音はどれか。

　1. ねんそうおう　　　2. としそうおう　　　3. ねんあいおう　　　4. としあいおう

새로운 표현

1 の | ~이, ~가

용법 명사를 수식하는 절에 조사 が가 사용될 경우, の를 사용한다.

- 高くて手の届かないセーター。
- 日本語の上手な人を探しています。

2 ~余儀ない | 어쩔 수 없이

- 悪天候が続き、工事計画の変更を余儀なくされた。
- 不意に起こった雪崩が登山計画の中止を余儀なくさせた。

3 ~たて(で) | 막 ~해서(한)

접속 동사 ます형 + たて

- まだ引越ししたてで、荷物整理が忙しいです。
- 焼きたてのパン。

4 ~し | ~고 (비슷한 것을 열거)

- 安いしおいしいし、いつもこの店で食べます。

연습문제 신출어휘

油分(あぶらぶん) 기름기 | 肩(かた)もみ 어깨 주무르기 | 飽(あ)きる 질리다 | とんでもない 말도 안 되는 | 持(も)ち主(ぬし) 소유자 | かげり 어두워짐, 떨어짐 | ボロボロ 엉망 | 打(う)ち上(あ)げパーティ 종(마무리) 파티 | 脅迫(きょうはく) 협박 | 謎(なぞ) 수수께끼, 의문 | 届(とど)け出(で)る 신고하다 | 序盤(じょばん) (장기, 바둑 등의) 초반 | 緊迫感(きんばくかん) 긴박감 | スペクタクル 장대한 | ぐいぐい 쭉쭉 | 大切(たいせつ)さ 소중함 | 興奮(こうふん) 흥분 | 喧嘩(けんか) 싸움 | 芽生(めば)える 움트다 | 縫製(ほうせい) 봉제 | 洋裁(ようさい) 양재, 양복을 만듦 | 手作(てづく)り 직접 만든, 손수 만든 | 似(に)せる 모방하다 | 編(あ)む 엮다 | 原毛(げんもう) 원모 | 染(そ)め 염색 | 紡(つむ)ぐ 실을 잣다, 켜다 | クラフト感(かん) 수공예 느낌 | 刺激(しげき) 자극 | 輝(かがや)く 빛나다 | 落胆(らくたん) 낙담 | 気(き)にする 마음에 두다 | 年相応(としそうおう) 나이값 | おしゃれ 치장, 멋부림 | 前向(まえむ)き 적극적, 긍정적

1 - 3과

종합문제
(듣기와 쓰기)

 듣기   Track 04

※ 문장을 듣고 괄호 안에 알맞은 말을 넣으세요.

1. (　　　　　　)などで訪れた人の中には、その(　　　　　　)に驚いた
　人も多いのではないでしょうか？ 白壁に(　　　　　　)屋根。

2. 今の(　　　　　)は、(　　　　　　)の(　　　　　　)抜きには
　語れない。

 쓰기

1. 「～のような」を使って例文を書きなさい。

2. 「もともと」を使って例文を書きなさい。

3. 「～づらい」を使って例文を書きなさい。

4. 1課の内容を短くまとめてみよう。

듣기　　　　　　　　 Track 05

※ 문장을 듣고 괄호 안에 알맞은 말을 넣으세요.

1. 中学、高校(　　　　　)は運動部に(　　　　　)していた(　　　　　)、
それほど運動が(　　　　　)ということもなかった。

2. (　　　　　)を続けていると、これまでは(　　　　　)だった自分の
身体の(　　　　　)や(　　　　　)、どの(　　　　　)が動かせて
いないのかなんてことにも(　　　　　)ようになってきた。

3. 今の私に(　　　　　)の身体を(　　　　　)ことの(　　　　　)に
なっている。

 쓰기

1. 「～てから」を使って例文を書きなさい。

2. 「～たり～たり」を使って例文を書きなさい。

3. 「～としての」を使って例文を書きなさい。

4. ２課の内容を短くまとめてみよう。

 듣기　　　　　　　　Track 06

※ 문장을 듣고 괄호 안에 알맞은 말을 넣으세요.

1. (　　　　　　　)200キロを超える(　　　　　　)ゴリラが(　　　　　　)で
立ち上がって胸をたたけば、あたりを圧する迫力がある。しかしこれが、
人々の(　　　　　　)を生んだ。

2. 人間以外の動物の行動や(　　　　　　)をよく知らなかった１９世紀の人々
は、まさかゴリラが(　　　　　　)と(　　　　　　)を理解するとは考え
もしなかったに違いない。ドラミングは(　　　　　　)姿勢を相手に示し
ながら、(　　　　　　)に平和に別れあうことを提案していたのである。

 쓰기

1. 「～という」を使って例文を書きなさい。

2. 「～ような気がする」を使って例文を書きなさい。

3. 「～てこそ」を使って例文を書きなさい。

4. 「～いっけん」を使って例文を書きなさい。

5. ３課の内容を短くまとめてみよう。

4

「タ」と「ハタケ」

中国語の「田」は、水を入れる耕地と、水を入れない耕地の両方の意味を持っているが、日本では「田」は水を入れる耕地だけを意味し、韓国では水を入れない耕地を意味する。日本と韓国で反対になっているのは、日本の場合、水田農業を中心とする華南・華中地方の文明の影響をうけ、韓国の場合、畑作農業を中心とする華北地方の文明の影響をうけたからと思われる。

04과 :: 「タ」と「ハタケ」  Track 07

　米、麦、野菜などを作る土地を耕地という。耕地には「タ」と「ハタケ」がある。「タ」は水を入れる耕地で、日本の米は主に「タ」で作られる。「ハタケ」は水を入れない耕地で、麦や野菜が作られる。「タ」は日本の漢字では「田」と書き、「ハタケ」は「畑」あるいは「畠」と書く。前者は中国から伝わった漢字である。後者はどちらも日本で作られた漢字、すなわち国字であり、中国から伝わった漢字ではない。中国語には「畑」も「畠」も存在しない。中国ではハタケを表わすのには「田」という漢字を用いる。つまり、中国語の「田」は、水を入れる耕地と、水を入れない耕地の両方の意味を持っているわけである。それにもかかわらず、「田」が日本では水を入れる耕地だけを意味するようになったのは、どういう事情によるのだろうか。

　ここで比較したいのは、日本と同様に中国から漢字を取り入れた朝鮮半島の事情である。朝鮮半島では、「田」は水を入れない耕地を意味する字である。一方、水を入れる耕地を意味する字は「畓」という字である。これは「tap」と読み、朝鮮半島で作られた字である。つまり、日本では中国の「田」という漢字から水を入れる耕地の意味だけを取り、水を入れない耕地を表わすのには「畑」および「畠」という字を作った。それに対し、朝鮮半島では、「田」から水を入れない耕地の意味だけを取り、水を入れる耕地を表わすのには「畓」という字を作ったのである。

● 신출어휘 ●

土地(とち) 토지 | 耕地(こうち) 경지 | 田(た) 논 | 畑(はたけ) 밭 | 畠(はたけ) 밭 | すなわち 곧, 즉, 다시 말하면 | 国字(こくじ) 일본에서 만들어진 한자, 그 나라의 정식 문자 | 用(もち)いる 사용하다, 채택하다 | 事情(じじょう) 사정 | 比較(ひかく) 비교 | 取(と)り入(い)れる 받아들이다, 도입하다 | 古代(こだい) 고대 | 文明(ぶんめい) 문명 | 影響(えいきょう) 영향

42

日本と朝鮮半島は、同じ古代の中国文明の影響を受けていながら、「タ」と「ハタケ」を意味する漢字に関して、なぜこのような違いが生じたのであろうか。簡単には説明できないが、朝鮮半島は古くから畑作農業を中心とする華北地方の文明の影響をうけたため、「田＝水を入れない耕地」という意味になったのではないだろうか。それに対して日本は水田農業を中心とする華南、華中地方の文明の影響を強くうけたため、「田＝水を入れる耕地」という意味になったのではないだろうか。

生(しょう)じる 생기다 ┃ 地方(ちほう) 지방 ┃ 水田(すいでん/みずた) 수전, 논 ┃ 華南(かなん) 화남. 중국의 남부 지역 ┃ 華中(かちゅう) 화중. 중국의 중부 지역 ┃ 華北(かほく) 화북. 중국의 북부 지역 ┃ 畑作農業(はたさくのうぎょう) 밭농사 농업 ┃ 朝鮮半島(ちょうせんはんとう) 한반도

1 つまり ┃ 즉, 요컨대, 결국

용법 앞 절의 내용과 같은 의미지만, 다른 표현을 사용하여 서술할 때
- 新宿に父の兄、つまり私の伯父が住んでいる。

관련표현 **すなわち** ┃ 즉, 이를테면
- 日本は四季、すなわち春、夏、秋、冬がはっきりしている。

2 ～わけだ ┃ (결과적으로) ～하게 됨도 당연하다, ～할 만도 하다, ～인 것이다

접속 동사 사전형 · イ형용사 사전형 + わけだ
ナ형용사 어간 + な + わけだ

용법 필연적 결론, 자연적 결과
- 彼は一年もアメリカに住んでいたので英語が上手なわけだ。
- イギリスは時差が９時間あるから日本が午前11時ならイギリスは
深夜の２時なわけだ。
- はじめは観光旅行のつもりでフィリピンへ遊びに来たんですが、
フィリピンが好きになり、とうとう8年もフィリピンに住んでし
まったわけです。

관련표현 **～わけがない/～わけはない** ┃ ～리가 없다/～리는 없다

～はずがないと 같은 의미로 어떤 사실에 입각하여 '그러할 가능성
이 없다'라고 표현할 때 사용

- 勉強もしないで遊んでばかりいて試験に受かるわけがないじゃないか。
- こんな難しい問題を子供が解けるはずがない。

❸ 〜にもかかわらず | 〜임에도 불구하고 (〜のに)

접속 명사・동사 사전형・イ형용사 사전형 ＋ にもかかわらず
ナ형용사 어간 ＋ にもかかわらず

- 日曜日にもかかわらず、学校へ行く。
- 本日は雨天にもかかわらずお集まりくださいまして、ありがとうございます。

❹ 〜に関して | 〜에 관해서

접속 명사 ＋ に関して

- 彼は車に関して知識が豊かだ。

관련표현 〜に対して | 〜에 대해서

- 彼の意見に対して何か反対意見はありませんか。
- 田中さんは背が高いのに対して弟の方はクラスで一番低い。

본문 내용 확인

1. 米、麦、野菜などを作る土地を何といいますか。

2. 野菜の名前をいくつ言えますか。

3. 朝鮮半島で「田」はどういう意味ですか。

4. 中国の華北地方はどんな農業が盛んですか。

5. 中国の華中、華南地方はどんな農業が盛んですか。

 문법 · 문형

1_ [接続の語] 下の四角の中からふさわしい接続の言葉を選んで自然な文にしなさい。

> それにもかかわらず ｜ それに対し ｜ つまり ｜ こうして
> あるいは ｜ というのは ｜ したがって ｜ すなわち

a. 複数犯か（　　　　　　　　）単独犯かは、まだわからない状態だ。

b. （　　　　　　　　）は、そういうことだったのよ。

c. 無限連鎖講、（　　　　　　　　）ネズミ講であることに変わりはない。

d. 経営陣はベースアップを抑えたい。（　　　　　　　　）組合側は

2300円のアップを望んでいる。

e. 今日パソコンを買うのをやめた。（　　　　　　　　）来月新しい

パソコンが発売されると聞いたからだ。

f. 日本は地震が多い。(　　　　　　　　　　)高層ビル建設に耐振性が

　求められるのである。

g. 村の人々は泣く泣く故郷から引っ越していった。(　　　　　　)関係者

　の苦労が実り山奥にダムができあがったのである。

h. タバコは体に有害です。(　　　　　　　　　)たばこの生産を中止にし

　ないのはなぜですか？

단어 無限連鎖講(むげんれんさこう) 다단계판매 ┃ 耐振性(たいしんせい) 내진성 (진동을 견디는 성질)

2_ [に関して・に対して・によって] 「に関して/に対して/によって」から
　　適当なものを選んで(　　　　　　)に書きなさい。

　a. 高橋さんの意見(　　　　　　　　　)、何か反対意見はありませんか。

　b. この新薬の開発(　　　　　　　　　)、たくさんの命が救われるだろう。

　c. 日本の露天風呂(　　　　　　　　)知っていることを発表してみましょう。

　d. 会長は、会員らの投票(　　　　　　　)決められることになっている。

　e. 消費税引き上げ(　　　　　　　　　)消費者の風当たりは強い。

　f. 私はあなた(　　　　　　　)何にも知らないのです。

　g. 教授(　　　　　)そういう態度はないでしょう。

　h. 卒業式の式次第(　　　　　　　　)説明する。

단어 露天風呂(ろてんぶろ) 노천탕

3_ [わけ] 四角の中からふさわしいものを選び(   )に入れなさい。

| わけがない | わけではない | わけにはいかない |

a. ベストセラーだからといって、かならずしも面白い(   )。

b. 幼なじみのことをけなされて、おもしろい(   )。

c. 明日重要な試験があるので、なんの準備もしないで寝る(   )。

d. 宝くじを2、3枚買ったからって、当たる(   )。

e. こんな侮辱をうけてだまっている(   )。

単어 けなす 비방하다 | 宝(たから)くじ 복권 | 侮辱(ぶじょく) 모욕

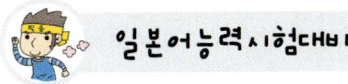

　　縁日の露店で輪投げに挑戦し万華鏡を手に入れた。久々にのぞくと、不思議な美しさに（　a　）驚く。筒を少し傾けて中を見る。無限の空間がひろがる。筒を回すと、図柄が一瞬一瞬に動く。無限と瞬間が共存する…。哲学の命題のようだ。

　　顕微鏡で見るミクロの世界にも似ている。対称性が織りなす秩序立った（　b　）は小宇宙でもある。科学的検証はできないが、本物の宇宙は無限だと信じたい。（　c　）、有限なる地球で毎日刻まれる歴史は、万華鏡の中で瞬時に起こる図柄の変化の積み重ねに似ている。似た模様が時々現れるが、完全に同じなのかどうか。

　　日々のニュースを扱っていると、地球は美しい空間とは思えない。が、宇宙から眺めると違うらしい。アポロ10号と17号から地球を見たジーン・サーナン飛行士は「偶然の産物にしてはあまりに美しすぎる。人間の作った宗教を超越する、万物の創造主が、存在するに違いない」と語る。

단어 縁日(えんにち) 신사 등의 축제 날 ┃ 露店(ろてん) 노점 ┃ 輪投(わな)げ 고리 던지기
図柄(ずがら) 무늬 ┃ 超越(ちょうえつ) 초월 ┃ 万物(ばんぶつ) 만물

[1] (a)に入るふさわしいものは何か。

　　1. ときどき　　　2. 改めて　　　3. だんだん　　　4. 新しく

[2] (b)には何が入るか。

　　1. 美　　　2. 悪　　　3. 善　　　4. 空

[3] (c)には何が入るか。

　　1. つまり　　　2. それで　　　3. いっぽう　　　4. いったん

[4] 「万華鏡」の発音はどれか。

　　1. ばんげきょう　　　2. ばんがきょう　　　3. まんげきょう　　　4. まんがきょう

[5] 「秩序」の発音はどれか。

　　1. しつじょ　　　2. ちつしょ　　　3. しつじょ　　　4. ちつじょ

[6] この文章の筆者の職業として考えられるのは？

　　1. おもちゃ屋さん　　　2. 宇宙飛行士　　　3. 新聞記者　　　4. 哲学者

새로운 표현

1 **～ら** | ～들 (사람의 복수를 나타냄)

접속 **명사 + ら**
- 我ら, お前ら, 彼ら, 会員ら

2 **あまりに(も)** | 너무 ～하다

- あまりにも暑いのでシャワーを浴びた。
- 人があまりに多くて映画をじっくり見ることが出来なかった。

3 **접속사**

① **あるいは** | 또는
- 明日の天気は雨あるいは雪でしょう。

② **というのは** | ～라고 하는 것은, 더 자세히 말하자면 (앞에 결론, 결과가 오고, 뒤에서 그 이유를 설명)
- 明日会議に出られませんというのは急に出張に行くことになったんです。

③ **したがって** | 따라서 (앞에 원인, 이유가 오고 뒤에 그 결과가 온다. 보통 이유보다 결과를 강조)
- 明日運動会は中止することになりました。したがって正常授業をします。

④ **一方** | 한편
- 彼はいつも忙しいと言っている一方、友達とよく遊びに行く。

연습문제 신출어휘

複数犯(ふくすうはん) 복수범 | 単独犯(たんどくはん) 단독범 | 無限連鎖講(むげんれんさこう) 다단계판매 | 経営陣(けいえいじん) 경영진 | 望(のぞ)む 바라다 | 高層(こうそう)ビル 고층 빌딩 | 耐振性(たいしんせい) 내진성 (진동을 견디는 성질) | 実(みの)り 결실 | 山奥(やまおく) 깊은 산 | 有害(ゆうがい) 유해 | 救(すく)う 구하다 | 露天風呂(ろてんぶろ) 노천탕 | 消費税(しょうひぜい) 소비세 | 風当(かぜあ)たり 비난, 바람이 몰아침 | 次第(しだい) 순서 | けなす 비방하다 | 宝(たから)くじ 복권 | 侮辱(ぶじょく) 모욕 | 盛(さか)んだ 번성하다 | 万華鏡(まんげきょう) 만화경 | 久々(ひさびさ) 오랫동안 | のぞく 들여다보다 | 傾(かたむ)ける 기울이다 | 模様(もよう) 모양 | 眺(なが)める 조망하다 | 哲学(てつがく) 철학 | 顕微鏡(けんびきょう) 현미경 | 対称性(たいしょうせい) 대칭성 | 秩序(ちつじょ) 질서 | 刻(きざ)む 새기다 | 積(つ)み重(かさ)ね 겹쳐쌓임

5

日本人の1年

のんびりと正月を過ごしたあとは仕事にもどる。夏のボーナスでささやかな買い物をし、お盆のころ休みをとって家族サービスに精を出す。秋は紅葉狩りや運動会。12月末まで一生懸命に働き、大みそかには家族そろって年越しそばを食べながら新年を迎える。

5과 :: 日本人の1年  Track 08

　まとまった休暇がめったにとれない多くの日本人にとって、大半の職場が休みになる正月は、一年中でいちばんのんびりできる期間である。日ごろ世話になっている知人、仕事の得意先への年始回りなど、まるきり仕事抜きというわけにもいかないが、それでも、こたつを囲んでおとそを飲みながらテレビの正月番組を見たり、いつもは接触時間の少ない子どもたちとも親子の対話をしたりして過ごせる。

　1月4日か5日ぐらいから仕事が始まるが、2月はじめぐらいまではつき合いを大事にする日本社会の慣例として、職場の同僚や知人との新年会に忙殺されて、正月気分がなかなか抜けない。その期間を過ぎると、今度は4月まで落ち着かない季節が続く。というのも、職場や学校などの新年度が始まるのが4月だからで、自分自身の職場での人事異動がどうなるか、転勤はないか、子どもがいる場合は子どもたちの進・入学、就職は大丈夫かと、何かと心配事が多くなる。

　どうにか新しい生活のペースに慣れるのが5月ごろ。一息ついたところで、6月半ば過ぎから7月にかけて、夏のボーナスが支給される。住宅ローンを払ったり貯蓄に回した残りで、自分の欲しかったゴルフクラブなどを買い、妻や子どもたちにも何か買ってやるのが、日ごろ、宮仕えの身のサラリーマンにとってはささやかな楽しみである。

신출어휘

めったに (뒤에 부정의 말을 수반하여) 좀처럼 | 大半(たいはん) 대부분 | 職場(しょくば) 직장 | 日(ひ)ごろ 평소 | まるきり (뒤에 부정의 말을 수반하여) 전혀, 완전히 | 世話(せわ) 도움 | 得意先(とくいさき) 단골손님 | 年始回(ねんしまわ)り 새해 인사를 하러 다님 | 囲(かこ)む 두르다, 에워싸다, 둘러싸다 | おとそ 도소주. 불로장수에 효험이 있다고 하여 설날에 축하주로 마심 | 接触(せっしょく) 접촉 | 対話(たいわ) 대화 | 慣例(かんれい) 관례 | 忙殺(ぼうさつ) 일에 쫓김, 매우 분주함 | 人事異動(じんじいどう) 인사이동 | 転勤(てんきん) 전근 | 支給(しきゅう) 지급

7月下旬から約1か月間、子どもたちは学校が夏休みに入る。父親もその間に1週間ぐらいの夏休みをとるのが普通。日ごろ働きづめの父親としては家でゆっくりくつろぎたいところだが、旅行やドライブなどの家庭サービスでふだんの日より疲れてしまうか、逆に妻や子どもたちだけ里帰りや旅行に出し、父親は「にわかやもめ」で留守番というケースが多い。夏休みとはいえ、ゆっくり憩えないのがつらいところだ。

　気候が穏やかな秋は行楽シーズン。職場の運動会などに家族そろって参加して体を動かしたり、紅葉を求めてドライブやハイキングに行く家庭が多い。

　12月に入ると、夫は年末の休みに入る27、28日あたりまで仕事納めに追われ、妻は大掃除や正月の準備であわただしく過ごす。12月31日の大みそかには、家族そろって年越しそばを食べながら、NHKの年末恒例番組「紅白歌合戦」などを見て新年を迎える。

貯蓄(ちょちく) 저축 | 宮仕(みやづか)え 고용살이, 월급쟁이 | ささやか 자그마함, 사소함, 보잘것 없음 | づめ (동사 ます형에 붙어) ~같은 상태가 계속 됨, 내리 ~ 함, 꼬박 ~ 함 | くつろぐ (근심 걱정을 잊고) 심신을 편안하게 하다 | 里帰(さとがえ)り 친정 나들이 | にわか 임시적, 일시적 | やもめ 홀아비 | 憩(いこ)う 휴식하다 | 穏(おだ)やか 평온함, 차분 | 追(お)う 쫓기다 | あわただしい 분주하다, 조급하다, 어수선하다 | 年越(としこ)しそば 12월 31일 밤 12시 쯤에 먹는 메밀국수 | 恒例(こうれい) 항례. 정기적으로 행해짐. 정례

중요 표현

1 ～にとって ┃ ～에게 있어서, ～의 경우

접속 **명사 + にとって**

- 今日は私にとって新たな人生のスタートの日だ。
- 彼にとってこんな修理は何でもないことです。
- この時計は私にとってかけがえのない宝物です。

관련표현 **～として(は)** ┃ ～로서 (자격)

- 彼女は国費留学生として日本へ来た。

2 ～わけにもいかない ┃ ～할 수도 없다

접속 **동사 사전형 + わけにもいかない**

용법 일반상식이나 사회적인 통념, 과거의 경험 등으로 생각해서 '～할 수 없다', '～해서는 안 된다' 라는 의미

- 今日は大事な会議があるから、休むわけにもいかない。

관련표현 ① **～ないわけにはいかない/～ないではいられない/～ざるをえない** ┃ 사정이나 경위(과정), 상식상의 이유 등에서 불가피한 경우에 사용

- 会食で今夜はお酒を[飲まないわけにはいかない/飲まないではいられない/飲まざるをえない]。

② **～なければいけない** ┃ 사회적 의무, 필요성이 있는 경우 사용

- 車を運転するには免許を取らなければいけない。

3 ～ところで/～ところに/～ところへ/～ところを ┃ ～시점에, 참에

- 停留所に着いたところで、財布を忘れてきたことに気がついた。
- ちょうど田中さんのうわさをしているところに、田中さん本人がやって来た。
- 授業が終わったところへ山田さんがあわてて入ってきた。
- お忙しいところをおたずねくださり、ありがとうございました。

4 **〜ところだ** | 〜하려던 참이다

[용법] ① **〜ところだ** | 〜할 참이다 (직전)
- ちょうど食べるところだ。

② **〜いるところだ** | 〜하고 있는 중이다 (진행중)
- 仕事が一段落してお茶を飲んでいるところです。

③ **〜ところだ** | (직후)
- たった今帰ってきたところだ。

※ **〜たところ** | 〜했더니 (たら)
- 居酒屋で湯豆腐を注文したところ、あいにく品切れだった。

5 **〜とはいえ** | 〜라고는 하나, 〜라 하더라도

[용법] 〜에서 받은 인상이나 특징의 일부를 부정하고 실제 사실을 설명하는 표현
- 近いとはいえ、歩いて30分はたっぷりかかる。

[관련표현] ① **〜とはいうものの** | 〜라고 하더라도
- 春とはいうものの、まだまだ寒い日が続いています。

② **〜とはいっても** | 〜라 해도
- 授業料が高いとはいっても払えない額ではなかった。

③ **〜といえども** | 〜이라 하더라도
- 一枚の紙といえどもむだにするな。

본문 내용 확인

1. 日本人にとって正月は、いちばん＿＿＿＿＿する期間です。

2. 2月はじめぐらいまでは、＿＿＿＿気分が抜けません。

3. 夏のボーナスが出るとだいたいどうしますか。

4. 夏の休みのとき、妻や子どもを里帰りさせ父親は＿＿＿＿で、留守番というケースも多いです。

5. おおみそかに見るNHKの歌番組は何と言いますか。

문법 · 문형

1_ [接続の語] 四角の中の語を使って文章を完成させなさい。

| それとも ｜ それでも ｜ どうにか ｜ とはいえ ｜ というのも ｜ ただし |

a. 誰でも応募できます。＿＿＿＿＿＿＿＿＿＿N2レベル以上の人。

b. 朝起きたら顔を洗って、それから歯を磨く？＿＿＿＿＿＿＿朝食を食べてから磨く？

c. この変なネーミング、＿＿＿＿＿＿＿＿＿なりませんか。

d. 不況＿＿＿＿＿＿＿＿＿、「20万円のお節料理」や「10万円の福袋」を我先に買う人がいるとは、ほんとうに驚きだ。

e. 気分転換に元気の出る映画を見たいです。＿＿＿＿＿＿＿＿きょうはへこんでしまいました。

f. もともと髪が黒くて太いので、かなり染まりにくい髪質です。＿＿＿＿＿＿＿＿＿美容院でカラーリングしてもらえば明るい茶髪にしてもらえるでしょうか？

단어 へこむ 가라앉다 ｜ お節料理(せちりょうり) 명절음식 ｜ 福袋(ふくぶくろ) 복주머니 ｜ 我先(われさき)に 앞다투어 ｜ 茶髪(ちゃぱつ) 갈색염색머리

2_ [副詞など] **四角の中から適当な語を選んで(　　　)の中に入れなさい。**

| なかなか | にわかに | あわただしく | まるきり | のんびり | まとまった |

a. 日照りの続いた九州南部に(　　　)雨が降った。

b. 今年の冬休みは、温泉にでもつかって(　　　)過ごす予定だ。

c. きのう彼女と見た映画は、予告編とは(　　　)別物だった。

d. 語学研修に行きたいが、親の反対があって(　　　)決心できない。

e. そんなこと言われても(　　　)は信じがたい。

f. この一週間(　　　)過ごしてしまいました。

단어 日照(ひで)り 가뭄 | 予告編(よこくへん) 예고편 | 別物(べつもの) 별개의 것

3_ [複合格助詞] **四角の中のことばを入れて文を完成させなさい。**

| にとって | において | によって | にあたり | にむけて |

a. どんな状況に(　　　)もあわてないことがいちばん重要です。

b. 日本を離れる(　　　)、日本の仲間に伝えたい言葉があります。

c. 来年の試合(　　　)新しいトレーニングを開始しました。

d. IT機器の急速な普及(　　　)、日常生活もビジネスもいろいろな面で変化してきました。

e. 今年、有名なスキー場に行ってみたいんですが、スノーボーダー(　　　)の聖地はどこなんでしょうか。

단어 普及(ふきゅう) 보급
※ (注) 福島県のアルツ磐梯は「スノーボーダーの聖地」とうたわれている

4_ [ナ形容詞] 四角のナ形容詞を使って文を完成しなさい。

穏やかな	ささやかな	大丈夫な	大事な	真剣な	わずかな

a. 子どもたちは( )眼差しで先生の話を聞いていた。

b. こんなことでうちのチーム、( )のか？

c. ブログで毎日、( )幸せを感じています。

d. 普段は( )動物のはずの象が、人に襲いかかってくる
ムービーを見た。

e. ( )誤差も見逃さないこの機械は、世界的に非常に高い
評価を得ている。

f. 人と話をして自分の考えを深めておくというのは( )こと
だと思います。

単어 眼差(まなざ)し 눈빛

5_ [～ぬき] 適当なものを選んで( )の中に入れなさい。

ガス抜き	手抜き	骨抜き	ごぼう抜き	ラ抜き	塩抜き	朝食抜き	栓抜き

a. 毎日( )で学校に来る学生が増えている。

b. 「見れる」のようなことばを( )ことばと言う。

c. エネルギー政策を( )にした文科大臣の演説。

d. 数の子を美味しく食べるのは何よりも( )がポイントです。

e. 自宅で簡単にできるヨガの( )のポーズを動画で紹介して
います。

f. ( )を使わずに、ワインを開ける方法を知ってますか。

g. グルメのための、速さを優先させた( )料理の作り方を紹介！

h. 箱根駅伝では、数々の「( )」伝説が生まれてきた。そんな
驚異的な走りで、人々に鮮烈な印象を残した選手たちを紹介していきたい。

単어 文科大臣(もんかだいじん) 문교부 장관 ┃ 数(かず)の子(こ) 청어알 ┃ 鮮烈(せんれつ) 선명하고 강렬함

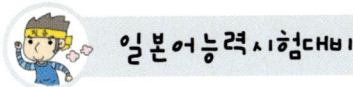
　映画やドラマから音楽、雑誌、友人との会話まで、今も昔も最大のテーマは恋愛。加えて、"婚活"という言葉が流行語になっているように、"結婚へ至るステップとしての恋愛"がクローズアップされています。（　a　）恋愛に関心が高いのは、圧倒的に女性。（　b　）、現代の男性は、経済的な不安やメンタルの弱体化などで「恋人が欲しい」と思っていても、自分から告白できない草食系男子が増えています。

　そんな時代背景の中、「私から告白する！」という女性が急増中。先日、見事思いの丈を打ち明け、彼の心をつかまえた明美さん(32歳)もそのひとりで、自ら告白した理由をこう語ってくれました。

　「だって、せっかくお洒落したり、自分磨きしているのに、いざという時に告白を待ってるだけじゃもったいないでしょ。（　c　）自分から相手を選べるし、彼の本音が聞けるし、結果も早く出せる。同じ努力するのなら、"告白させる"より"告白する"の方が効率いいかなって」（明美さん）

　確かに彼の本音がわからず、やきもきしている時間はもったいない。それに、婚活の場は、どこも恋愛サバイバル。「ダメならすぐに別のいい男を探す」くらいのたくましさが必要かもしれません。「男性は女性を追いかけるもの」という定説が崩壊しつつあるようだ。

単語 婚活(こんかつ) 결혼을 위한 활동 ┃ 見事(みごと)だ 훌륭하다
お洒落(しゃれ) 멋부림 ┃ 崩壊(ほうかい) 붕괴

[1] (a)に入るふさわしいものは何か。

　　1. そして　　　　2. それで　　　　3. しかも　　　　4. そのうえ

[2] (b)には何が入るか。

　　1. いちおう　　　2. いっぽう　　　3. いったん　　　4. いかにも

[3] (c)には何が入るか。

　　1. そこで　　　　2. それに　　　　3. それゆえ　　　4. それでも

[4] 「やきもきしている」とはどういう意味か。

　　1. 本音を確かめること　　2. 胸焼けがして苦しい　　3. 効率よく動くこと　　4. いらいらしておちつかない

[5] 「思いの丈」の発音はどれか。

　　1. おもいのじょう　　　2. おもいのぶん　　　3. おもいのたけ　　　4. おもいのだけ

새로운 표현

연습문제에서 체크할

1 いざというとき ┃ ~만일의 경우, 여차할 때

- いざというときは危険を分担する。
- いざというときの用意をする。

2 〜つつ ┃ ~하면서

용법 어떤 행위를 하면서 동시에 또 다른 행위를 하는 것을 나타낸다.

- 成功を期待しつつ今度の経過を見守る。

관련표현 ① 〜つつも 〈역접〉 ┃ ~하면서도

상반되는 두개의 사항을 연결.

- たばこは体に悪いと知りつつもつい吸ってしまう。

② 〜つつある ┃ ~하는 중이다, ~하고 있다

동작이나 작용이 계속되고 있는 상태를 나타낸다.

- この会社は現在成長しつつある。

연습문제
신출어휘

へこむ 움츠러들다 ┃ お節料理(せちりょうり) 명절음식 ┃ 福袋(ふくぶくろ) 복주머니 ┃ 我先(われさき)に 앞다투어 ┃ 染(そ)まる 염색되다, 물들다 ┃ 髪質(かみしつ) 머릿결 ┃ 茶髪(ちゃぱつ) 갈색 염색머리 ┃ 日照(ひで)り 햇볕이 내리쬠, 가뭄 ┃ 予告編(よこくへん) 예고편 ┃ 別物(べつもの) 별개의 것 ┃ 語学研修(ごがくけんしゅう) 어학연수 ┃ あわてる 당황하다 ┃ 普及(ふきゅう) 보급 ┃ スノーボーダー 스노우보더 ┃ 聖地(せいち) 성지 ┃ 眼差(まなざ)し 눈빛 ┃ 襲(おそ)う 습격하다 ┃ 誤差(ごさ) 오차 ┃ 見逃(みのが)す 간과하다 ┃ グルメ (gourmet) 미식가 ┃ 驚異的(きょういてき) 경이적 ┃ 鮮烈(せんれつ) 선명하고 강렬함 ┃ 文科大臣(もんかだいじん) 문교부 장관 ┃ 数(かず)の子(こ) 청어알 ┃ 恋愛(れんあい) 연애 ┃ 圧倒的(あっとうてき) 압도적 ┃ 弱体化(じゃくたいか) 약체화 ┃ 告白(こくはく) 고백 ┃ 急増(きゅうぞう) 급증 ┃ 婚活(こんかつ) 결혼을 위한 활동 ┃ 見事(みごと)だ 훌륭하다 ┃ お洒落(しゃれ) 멋부림 ┃ もったいない 과분하다, 아깝다 ┃ 効率(こうりつ) 효율 ┃ やきもき 안절부절 못함 ┃ たくましさ 다부짐, 씩씩함 ┃ 崩壊(ほうかい) 붕괴

6

茶の話

世界各国の茶の呼び名は、広東語(カントンご)のcha系と福建語(フーチェンご)のte系の二つのグループに分けられる。呼び名の分布から茶の伝播(でんぱ)のルートが推測(すいそく)される。すなわちcha系のものは陸路(りくろ)によるもの、te系のものは海路(かいろ)によるものと考えられるのである。

6과 :: 茶の話  Track 09

　茶が中国からヨーロッパに伝わったのは、17世紀のはじめ、海路_{かいろ}によって運ばれたのが最初であるといわれている。しかし、実際_{じっさい}にはもっと早くから伝わっていたのではないだろうか。まず考えられるのは、古くからの東西交通路_{とうざいこうつうろ}で運ばれたのではないかということである。すなわち16世紀になってアフリカを回る海路が開かれるまでは、中国とヨーロッパはいわゆるシルクロードによって結ばれており、交易_{こうえき}が行なわれていた。したがって茶がかなり早くからヨーロッパに知られていたと考えてもおかしくない。しかし今のところ、茶がシルクロードを通ってヨーロッパに伝わった記録はない。

　茶が早くから伝わっていたことは、茶の呼び名の分布から推測_{すいそく}することができる。表に示すように、世界各国の茶の呼び名は、広東語_{カントン}のcha系と、福建語_{フーチエン}のte系の二つのグループに分けられる。

表 〈茶の呼び名の分布〉

広東語系cha(チャ)	日本cha｜モンゴルchai｜ロシアchai(shai)｜チベットja トルコchay｜ポーランドtsai｜ギリシャtsai｜ポルトガルcha
福建語系te(ティ)	インドネシアte｜オランダthee｜イギリスtea｜フランスthe 北欧te｜イタリアte｜スペインte

　cha系に属_{ぞく}するものには、日本語、モンゴル語、ロシア語などがある。一方、te系に属するものには、オランダ語、スペイン語、英語などがある。茶の研究者である※橋本実によれば、それらの呼び名は陸路によって伝わったものと、海路によって伝わったものとに大別されるという。すなわち、cha系のこ

― 신출어휘 ―

海路(かいろ) 해로, 바닷길 ┃ **世紀**(せいき) 세기 ┃ **東西**(とうざい) 동서 ┃ **交通路**(こうつうろ) 교통로 ┃ **いわゆる** 이른바, 말하자면 ┃ **結**(むす)ぶ 묶다, 매다, 연결하다 ┃ **交易**(こうえき) 교역, 무역 ┃ **呼**(よ)び**名**(な) 이름, 통칭, 명칭 ┃ **分布**(ぶんぷ) 분포 ┃ **推測**(すいそく) 추측 ┃ **広東語**(カントンご) 광동어. 중국 방언 중에 하나 ┃ **福健語**(フーチエンご) 복건어. 중국의 푸젠성의 방언

とばは陸路によって、te系のことばは海路によってヨーロッパに入ったものである。

　茶の呼び名の伝わり方は、茶そのものの伝わり方と関係があるはずである。したがって、茶そのものがヨーロッパに伝わったルートにも、海路と陸路の二つがあったと考えてよい。とすれば、陸路によるものとして一つはモンゴル、ロシア、ポーランドへ、もう一つはインド、中近東、トルコを経てギリシャへ入るルートがあったのではないかと考えられる。ただ、西欧の中でポルトガルだけが例外的に陸路系の呼び名である。これは、当時ポルトガルが広東のマカオを植民地にしており、直接茶を輸入していたことによる。

　このように、茶は早くからこれらの陸路によってヨーロッパに伝わっていたのではないかと推測される。しかし、これについては今のところ証拠となる記録がないため、あくまで推測にすぎず、今後における歴史的、言語学的研究に期待するほかない。

(※) 橋本実（名城大学教授・地方茶研究会会長）1932年台湾高雄生れ。56年名城大学農学部農学科卒業。同大学農学部助手を経て教授に。農学博士。著書に『茶の起源を探る』(88年)など。

属(ぞく)する 속하다 | 大別(たいべつ) 크게 나눔 | 陸路(りくろ) 육로 | 例外的(れいがいてき) 예외적 | 中近東(ちゅうきんとう) 중근동. 중동과 근동을 아울러 이르는 말. 리비아에서 아프가니스탄까지의 북아프리카와 서아시아를 가리킨다 | 植民地(しょくみんち) 식민지 | 輸入(ゆにゅう) 수입 | 証拠(しょうこ) 증거

중요 표현

1 〜によって | 〜에 의하여, 〜로(써), 〜에 의한

접속 명사 + によって

- コンピューターによって大量の文書管理が可能になった。

용법 ① 수단

- 考えをことばによってあらわす。

② 원인

- 不注意による交通事故があとを絶たない。

③ 근거

- ニュースによると昨日の雪で新幹線が遅れたそうだ。

④ 성질・내용과의 관계

- 授業の進め方はクラスによって違います。

⑤ 수동문에서 동작의 주체

- このビルは安藤忠雄によって設計された。

2 〜はずだ | 〜일 것이다 (추측)

접속 동사 사전형 + はずだ

- 彼女は今日、必ず来るはずだ。
- あの人は日本語科を卒業したから日本の新聞は読めるはずだ。

관련표현 〜はずがない/〜わけがない | 〜리가 없다/〜리는 없다

말하는 사람의 주관적인 판단으로 어떤 사실을 근거로 하여 그럴 가능성이 없을 때 사용

- 田中さんがそんなことをするはずがない/わけがない。

3 **～について(は)** | ~에 관해서(는)

접속 **명사 + については**

- 彼女の私生活については、何も知らない。
- 日本の経済について研究する。

4 **～にすぎない** | ~에 불과하다, 단지 ~이다
(''그다지 중요하지 않다' 라는 평가의 기분이 동반된다)

접속 **명사 · 동사 사전형 · イ형용사 사전형 + にすぎない**
ナ형용사 어간 + である + にすぎない

- 私は平社員にすぎないので、その件は責任者にきいてください。

5 **～における** | (시간, 장소, 경우) ~에, ~에서는

접속 **명사 + における**

- この報告書は江戸時代における庶民と武士の暮らし方を比較したものだ。
- それは私の人生における最高の日であった。

6 **～ほかない** | ~밖에(는) 없다

접속 **동사 사전형 + ほかない**

- 雨が降っているので、殘念だが今日の遠足は延期するほかない。

관련표현 **～しかない** | ~할 수 밖에 없다

- 明日試験だからがんばるしかないね。

:: 연습문제

 본문 내용 확인

1. 一般的な認識として、茶が中国からヨーロッパに伝わったのは何世紀のことと
   考えられていますか。

2. cha系の語とte系の語のルートはそれぞれ何ですか。

3. ポルトガルだけ例外的に陸路系の呼び名であるが、その理由は何ですか。

 문법 · 문형

1_ [自動詞・他動詞] (　　　)の中のふさわしい方を選びなさい。

a. 茶の呼び名の伝わり方は、茶そのものの(伝え方 / 伝わり方)と関係が
   あるはずである。

b. 使用した工具は元の場所に(もどって / もどして)おいてください。

c. レポートに試験も(重ねて / 重なって)今週は本当に大変です。

d. この調子で練習を(続けて / 続いて)いけば、彼はきっとすばらしい
   サッカー選手になるだろう。

e. 冷蔵庫にビールが10本(入れて / 入って)います。

f. もう少し脂肪分を(減らさない / 減らない)と、ダイエット効果がありませんよ。

g. 昨夜から雨足がさらに(強まって / 強めて)きた。

2_ [接続など] 四角の中からふさわしいものを選びなさい。

| したがって | しかし | いわゆる | それで | ただ | まず |

a. 膨大な量の宿題だ。(　　　　　　　　　)明日までに仕上げねばならない。

b. 日本に行って(　　　　　　　)やるすべき事は何ですか。

c. 賛成18票。反対57票。(　　　　　　　)この提案は却下します。

d. 博士号を取っても、非常勤講師で低賃金という話だ。(　　　　　　　)
高学歴ワーキングプアの問題ですね。

e. A: 昨夜、どうかしたんですか？あわてて部屋から飛び出していったけど。
B: 何でもないです。(　　　　　　　)ちょっと幽霊が怖かっただけです。

f. 給料が低いのが不満です。(　　　　　　)転職を考えているのですが
早計でしょうか。

단어 却下(きゃっか) 각하

3_ [助詞] (　　　　)に適当な助詞を入れなさい。

a. 海路によって運ばれたのが最初(　　　　　)あるといわれている。

b. しかし今(　　　　　　)ところ、茶がシルクロードを通ってヨーロッパに
伝わった記録はない。

c. 雨は九州に集中的(　　　　　)降った。

d. 賛成が反対(　　　　　)上回った。

e. 「日本に行きたい人」が95％(　　　　　)占めている。

f. この本は全12巻(　　　　　)完結している。

g. この調査は名古屋に住むサラリーマン(　　　　)対象(　　　　　)した
ものである。

h. 男と女で仕事についての考え方(　　　　　)差(　　　　　)あるようだ。

4_ [はず・べき]「はず」と「べき」のうち適当な方を選びなさい。

a. 茶の呼び名のちがいは、茶の伝わり方と関係がある [はず・べき] である。

b. こんなに勉強したんだから、きっといい点がとれる [はず・べき] だ。

c. 他人の悪口は言う [はず・べき] ではない。

d. 取締役として、まずやる [はず・べき] ことがある [はず・べき] である。

e. いったん決めたやり方があるなら、そのやり方で一貫する [はず・べき]

である。

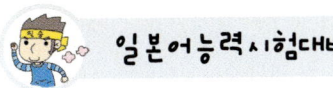

　　直接老後の生活に影響を与える社会保障について述べてみます。社会保障とは憲法25条で述べられた「健康で文化的（　a　）最低限度の生活」を守るための制度（　b　）、それによって国民の安心感を確保し、社会の安定化を図るという目的があります。言い換えるなら、社会保障はすべての国民がその人権と同様に保障されているものであり、とりわけ社会的弱者［　A　］必要な制度であると言うことができるでしょう。

　　社会保障には様々な種類がありますが、ここではとりあえず老齢年金に絞って考えます。老後の生活を支える年金には国民年金と厚生年金の二種類がありますが、いずれも一定の期間あるいは金額を積み立てたことが支給の有無や金額を決定します。その意味［　B　］、年金は必ずしも貧乏なおばあさんやおじいさんを救う手段にはなっていません。若者に目を向けるなら、貧困やその他の理由から未納問題も<u>取りざたされています</u>。高齢化が進む中、社会保障の財源不足に対する危機感もあり、それがますます若い世代の「自分は結局恩恵にあずかることはないのでは」という不安（　c　）あおっています。

単語　憲法(けんぽう) 헌법 ┃ 恩恵(おんけい) 은혜

[1] (a) (b) (c)にそれぞれ何が入るか。

　1. に　で　を　　　　2. に　が　を　　　　3. な　で　を　　　　4. な　の　に

[2] [A]には何が入るか。

　1. にとって　　　　2. につき　　　　3. にむけて　　　　4. にむかって

[3] [B]には何が入るか。

　1. にかけて　　　　2. に応じて　　　　3. について　　　　4. において

[4] 「取りざたされています」の意味として一番近いのはどれか。

　1. 提出されている　　2. 噂されている　　3. 解決されている　　4. 深刻化している

[5] 「恩恵」の発音はどれか。

　1. うんけい　　　　2. おんえい　　　　3. うんえい　　　　4. おんけい

새로운 표현

1 いずれも | 어느 사람(것)이나, 모두

- いずれも全国有数の実力者揃いだ。

2 必ずしも | 반드시(꼭) ~라고는 할 수 없다, 반드시 ~인 것은 아니다

용법 뒤에 부정의 말을 동반
「わけではない」「とは限らない」등과 함께 사용하는 경우가 많다.

- 金持ちが必ずしも幸せだとは限らない。
- 名選手が必ずしも名監督になるわけではない。
- 必ずしもそうだとは言い切れない。

관련표현 必ず | 꼭, 반드시 (부정표현에는 사용하지 못 함)

- 虫歯をふせぐには寝る前に必ず歯をみがいて下さい。

3 ～べきだ | ~해야 한다

- 悪いと思ったらすぐあやまるべきだ。

연습문제 신출어휘

脂肪分(しぼうぶん) 지방분 | 元(もと)の場所(ばしょ) 본래 있던 자리 (장소) | 雨足(あまあし) 빗줄기 | 非常勤(ひじょうきん) 비상근, 아르바이트 | 却下(きゃっか) 각하 | ワーキングプア (Working Poor) 풀타임으로 일하지만, 생활보호수준 이하의 소득을 얻는 사람들 | あわてる 당황하다 | 早計(そうけい) 경솔한 판단 | 上回(うわまわ)る 상회하다 | 老後(ろうご) 노후 | 憲法(けんぽう) 헌법 | 社会保障(しゃかいほしょう) 사회 보장 | 言(い)い換(か)える 바꿔 말하다 | とりわけ 특히 | 積(つ)み立(た)てる 적립하다 | 絞(しぼ)る (범위를) 좁히다 | 国民年金(こくみんねんきん) 국민연금 | あるいは 또는 | 厚生年金(こうせいねんきん) 후생연금 | 貧乏(びんぼう) 빈궁, 가난 | 貧困(ひんこん) 빈곤 | 取(と)りざたされる 소문이 떠돈다 | 恩恵(おんけい) 은혜 | あおる 부채질하다

4 - 6과

종합문제

(듣기와 쓰기)

 듣기 Track 10

※ 문장을 듣고 괄호 안에 알맞은 말을 넣으세요.

1. 「タ」は水を(　　　　)耕地で、日本の米は(　　　　)「タ」で作られる。

「ハタケ」は水を(　　　　)耕地で、(　　　　)や野菜が作られる。

2. 日本と朝鮮半島は、同じ(　　　　)の中国文明の(　　　　)を受けていな

がら、「タ」と「ハタケ」を意味する漢字に関して、なぜこのような違いが

(　　　　)のであろうか。簡単には説明できないが、朝鮮半島は古くから

(　　　　)農業を中心とする華北地方の文明の影響をうけたため、「田＝水を

入れない耕地」という意味になったのではないだろうか。それに対して日本は

(　　　　)農業を中心とする華南、華中地方の文明の影響を強くうけたため、

「田＝水を入れる耕地」という意味になったのではないだろうか。

 쓰기

1. 「～わけである」を使って例文を書きなさい。

2. 「～ようになる」を使って例文を書きなさい。

3. 「～と同様」を使って例文を書きなさい。

4. ４課の内容を短くまとめてみよう。

듣기  Track 11

※ 문장을 듣고 괄호 안에 알맞은 말을 넣으세요.

1. 日ごろ世話になっている知人、仕事の(　　　　　)への年始回りなど、まる

きり仕事抜きというわけにもいかないが、それでも(　　　　　)を囲んで

(　　　　　)を飲みながらテレビの正月番組を見たり、いつもは(　　　　　)

時間の少ない子どもたちとも親子の(　　　　　)をしたりして過ごせる。

2. 7月(　　　　　)から約1か月間、子どもたちは学校が夏休みに入る。

父親もその間に1週間ぐらいの夏休みをとるのが普通。日ごろ(　　　　　)

の父親としては家でゆっくり(　　　　　)ところだが、旅行やドライブ

などの家庭サービスで(　　　　　)の日より疲れてしまうか、逆に妻や

子どもたちだけ(　　　　　)や旅行に出し、父親は「にわかやもめ」で

(　　　　　)というケースが多い。

 쓰기

1. 「〜として」を使って例文を書きなさい。

2. 「〜わけにはいかない」を使って例文を書きなさい。

3. 5課の内容を短くまとめてみよう。

※ 문장을 듣고 괄호 안에 알맞은 말을 넣으세요.

1. (   )16世紀になってアフリカを回る海路が開かれるまでは、中国とヨーロッパは(   )シルクロードによって結ばれており、交易が行なわれていた。(   )、茶がかなり早くからヨーロッパに知られていたと考えてもおかしくない。(   )今のところ、茶がシルクロードを通ってヨーロッパに伝わった記録はない。

2. このように、茶は早くからこれらの陸路によって(   )に伝わっていたのではないかと(   )される。しかし、これについては今のところ(   )となる記録がないため、あくまで推測にすぎず、今後における歴史的、(   )研究に期待する(   )。

 쓰기

1. 「そのもの」を使って例文を書きなさい。

2. 「～ことによる」を使って例文を書きなさい。

3. 「～ほかない」を使って例文を書きなさい。

4. 6課の内容を短くまとめてみよう。

7

日本語の特徴

言語は、その文化と密接に結び付いている。主語を明確にしてはっきりと自己主張をするヨーロッパ系の言語とは異なり、日本語の場合は主語を明確にせず婉曲的でぼかした表現が多い。そのため、日本人は何を考えているかわからないと、欧米の人々から誤解されることもまま見られる。

7과 :: 日本語の特徴

同一性（どういつせい）の強いムラ集団（しゅうだん）の中においては、互（たが）いに意思疎通（いしそつう）を図（はか）ることが比較的（ひかくてき）容易（ようい）であり、その和を乱（みだ）すような強度（きょうど）の自己主張の必要性（ひつようせい）は薄（うす）い。日本では明確（めいかく）な断言（だんげん）は忌避（きひ）され、婉曲的（えんきょく）な表現が好まれてきた。日本語の持つ言語構造（げんごこうぞう）もそうした基盤（きばん）の上に確立（かくりつ）されている。言語とは文化の在（あ）り方と分かちがたく存在（そんざい）しているものである。

日本語の文法は、主語を言わなくても分かるように成り立っている。たとえば「好きです」という言い方には「I」も「YOU」も存在しない。主語も目的語もなく、あるのは述語（じゅつご）の※形容動詞だけである。「主語－動詞－目的語」という文型を基本とした言語を母語（ぼご）とする人々からすると、述語だけで意味が通じるという日本語は特異（とくい）な言語に映（うつ）る。逆に日本人からすれば、主語をわざわざ明確にしなくても、「誰が誰を好きなのかは状況（じょうきょう）や話の流れでわかるはず」ということになる。

前述（ぜんじゅつ）の例だけではなく、一般的に日本語は主語がなくても通じるようにできている。それなのにわざわざ主語を冠（かん）することは、「自己主張が強くなりすぎないか」「相手に嫌な気持ちを抱（いだ）かせないか」という心配を生じさせることになる。このような心情（しんじょう）は欧米人（おうべいじん）にはなかなか理解されない。彼らからしてみると、主語、主体を明確にして話すことはより論理的（ろんりてき）に話すために必要なことだし、相手の理解をより容易に促（うなが）すために役立つことのはずだからである。わざわざ相手の理解度を弱めるような「ぼかした」言葉を使うメリットが理解でき

※ 形容動詞：日本語教育分野では、ナ形容詞と呼ばれている。

◆ 신출어휘

同一性（どういつせい）같은 성질 | 集団（しゅうだん）집단 | 意思疎通（いしそつう）의사소통 | 図（はか）る 헤아리다, 꾀하다, 도모하다 | 比較的（ひかくてき）비교적 | 容易（ようい）だ 용이하다, 손쉽다 | 乱（みだ）す 흐트러뜨리다, 어지럽히다 | 強度（きょうど）강도 | 薄（うす）い 약하다 | 明確（めいかく）명확 | 断言（だんげん）단언 | 忌避（きひ）기피 | 婉曲（えんきょく）완곡 | 構造（こうぞう）구조 | 基盤（きばん）기반 | 言（い）い方（かた）말, 말씨, 말투 | 述語（じゅつご）술어 | 母語（ぼご）모어 | 特異（とくい）특이 | 映（うつ）る 비치다 | 状況（じょうきょう）상황

ない。

　さらに日本語では、一つの単語が多彩な意味や膨らみを持っていて、言語表現の奥行きが深い。「けっこうです」など、肯定にも否定にも使われる独特の言い回しは、世界でも珍しい表現である。

　もちろん、英語などの他の言語にも婉曲的な言い回しは存在するが、それでもそれは日本語に比べると相対的に少ないといっていい。欧米の言語のほうがより直接的で、自己表現も明確であり、悪く言えば「露骨」ということになる。

　こういった感覚や態度のギャップは、日本人が他の国でしばしば誤解をまねく原因となる。海外に留学している日本の学生が、教室での議論に積極的に参加せず、「黙ったまま、ただニコニコと笑っている」という風景は決して珍しくないと聞く。頑張ってしゃべってみても、結論を断言することが下手なので、「それで結局、この人は何を言いたいのだろう？」と首を捻られてしまうことも多い。

　これらの原因には日本人の英語への自信のなさも関係しているが、それを差し引いても、欧米基準から見た日本人の「自己主張の弱さ」は一つの国民的特徴と言えるだろう。議論や対立は好まず、「どうか穏便に」「その場を丸く収めよう」とするのが日本人の性質だ。それが欧米人には奇異なものに感じられるのである。

前述(ぜんじゅつ) 전술 (앞에서 기술함) ｜ 冠(かん)する 붙이다 ｜ 促(うなが)す 재촉하다 ｜ ぽかす 어물거리다, 모호하게 말하다 ｜ 多彩(たさい) 다채 ｜ 膨(ふく)らみ 확장성 ｜ 肯定(こうてい) 긍정 ｜ 奥行(おくゆ)き 지식, 생각, 경험의 깊이 ｜ 否定(ひてい) 부정 ｜ 独特(どくとく) 독특 ｜ 露骨(ろこつ) 노골 ｜ 議論(ぎろん) 의론, 토론 ｜ 積極的(せっきょくてき) 적극적 ｜ 捻(ひね)る 돌리다, 비틀다 ｜ 乏(とぼ)しい 부족하다 ｜ 差(さ)し引(ひ)く 감안하다 ｜ 穏便(おんびん) 온편, 원만하게 다룸 ｜ 奇異(きい) 기이, 이상함 ｜ 分(わか)つ 나누다, 구분하다 ｜ あるいは 어쩌면, 혹시, 혹은

1 ～において ｜ ～에, ～에서

접속 (장소, 시간, 경우를 나타내는) **명사 + において**

- 1988年、この競技場においてソウルオリンピックが開かれた。
- 古代においては、貝がらがお金として使われていたということである。

2 ～からすると ｜ ～으로 미루어 보면, ～에서 볼 때

접속 **명사 + からすると**

- 現状からするとあと1か月はかかりそうだ。
- 親からすると、子供はいくつになっても子供で、心配なものだ。

관련표현 ① **～の立場から見ると/～からすれば/～から見ると/～から見れば** ｜
～에서 보면 (어떤 입장에서 판단)

- 私の両親からすると、姪にあたります。
- 私の立場から見ると、その見通しは楽観的すぎると言わざるをえません。

② **～からすれば/～から見ると/～から見れば/～から見て/～から
して/～からいって** ｜ ～에서 볼 때, ～으로 보면 (추측의 근거)

- あの人は話し方や表情からして、どうもアメリカ人ではないようだ。
- あの人の性格から見て、そんなことで納得するはずがないよ。

3 **〜ことになる** | ~하게 되다

접속 **동사 사전형 · ない형 + ことになる**

용법 어떤 일을 주체적으로 결정한 것이 아니라, 외부 요인에 의해서 결정되었다는 것을 나타내는 표현

- 来月、北海道に転勤する**ことになった**。

관련표현 ① **〜ことになっている** | ~하기로 되어 있다 (규칙, 예정 등이 정해져 있는 상태를 나타낸다)

- 休むときは会社に連絡しなければならない**ことになっています**。
- 学校では学生は１年に１回健康診断を受ける**ことになっています**。
- 法律で、子供を働かせてはいけない**ことになっている**。

② **〜ことにする** | ~하기로 하다 (어떤 일을 말하는 사람이 주체적으로 결정했다는 것을 나타낸다)

- 来月大阪へ行く**ことにしました**。

③ **〜ことにしている** | ~하고 있다 (어느 시점(時点)에서 결심해서 현재도 행하고 있는 '습관'을 나타낸다)

- 毎日朝食を食べる**ことにしています**。

:: 연습문제

 본문 내용 확인

1. 「和を乱す」の反対の表現は何でしょうか。

2. 「ぼかした」表現の例を3つあげなさい。

3. 日本人はどんな面で外国人から奇異なものと感じられますか。

4. 欧米人からすると、主語や主体を明確にすることは、話をどんなものにするために必要だと考えられていますか。

5. 日本では明確な断言は忌避され、どんな表現が好まれてきましたか。

6. 日本人の性質として筆者はどんな点を挙げていますか。3点を書いてみましょう。

 문법 · 문형

1_ [わざわざ・わざと] 「わざわざ」か「わざと」を入れよ。

a. 彼女は気づいているのに（　　　　　　）知らんぷりをしていた。

b. （　　　　　　）来ていただいて、ほんとうにありがとうございます。

c. （　　　　　　）車をぶつけて、保険金をだまし取る事件が増えている。

d. 相撲では、力士が（　　　　　　）負けるような八百長試合がまれにあったが、最近はほとんどないようだ。

e. 英語サイトのニュースも（　　　　　　）英語で見なくても翻訳サイトで見ればだいたいはわかる時代になった。

단어 力士(りきし) 스모 선수 ∣ 八百長(やおちょう) 미리 짜고 하는 승부

2_ [的] 日本語と韓国語で「的」の使い方が違う場合がある。それを３つ
  ずつ書いてみよう。

(1) 日本語は「的」を使うが、韓国語は「적」を使わない場合
     例：わたし的　→　나로서는, 나의 생각에는

  a. _____

  b. _____

  c. _____

(2) 日本語は「的」を使わないが、韓国語は「적」を使う場合
     例：실제적으로 → 実際には、

  a. _____

  b. _____

  c. _____

3_ [〜すぎる]「〜すぎる」を使って自然な文にしなさい。(四角の中の単語を使用する)

> 大きい ┃ 甘い ┃ ない ┃ いい ┃ 派手だ ┃ 雑だ ┃ 完璧だ ┃ 複雑だ
>
> [例] このズボン、ちょっと(大きすぎる)んじゃないかな。

a. この紅茶、ちょっと(　　　　　　　　　　　　　)ませんか。

b. 人間、(　　　　　　　　　)てもダメなんだ。ちょっと抜けたところがないと。

c. マニュアルの文章が(　　　　　　　　　　　)て、何度読んでも
   理解できません。

d. 調子の(　　　　　　　　　　　)男には注意したほうがいい。

e. 彼の言うことは、いつも根拠が(　　　　　　　　　)と思わない？

説得力が全然ないよ。

f. 今日のゲーム、中盤はよかったがフィニッシュが(　　　　　　　)た。

あれでは点が取れなくてもしかたがないさ。

g. 今回初めてジーンズを染めたんですが、色がどうにも(

　　　　　)て、外にはいていけない程なんですが、染めた後で色を

落とすにはどうしたらいいでしょうか？

4_ [〜なくて/〜なく/〜ないで] (　　　　)の中のことばを「〜なくて/〜なく/
〜ないで」を使って適当な形に変えなさい。ただし答は一つとは限らない。

a. どうぞ(遠慮する→　　　　　　　　　　)お持ち帰りください。

b. 面接官の前では(落ち着く→　　　　　　　)うまく話せなかった。

c. 今度の新入社員は(気が利く→　　　　　　)みんな困っています。

d. 弟が全然(勉強する→　　　　　　　　　)本当に悩んでいます。

e. (約束する→　　　　　　　)いきなり人の家におじゃまするのは

失礼だ。

f. お金が(足りる→　　　　　　　　　)新車が買えそうにありません。

g. 彼は日本語も上手でリーダーシップもあるが、(きどる→

　　　　　)話す、とてもいい人だ。

h. 今年の夏休みは海にも山にも(行く→　　　　　　　)家でゆっくり

休むことにしよう。

　　アフリカ中部にある広大な湖が消え（ ａ ）ある。サハラ砂漠南端の
チャド湖。1960年代には琵琶湖の40倍もの面積を誇ったが、この40年
で20分の1に（ ｂ ）。降水量の減少や無計画な灌漑などが原因とみられ
ており、今世紀中には完全に干上がると警告する専門家もいる。湖に水
を集める「集水域」は、チャド、カメルーン、ニジェール、ナイジェリ
アなど、日本の面積の６倍強にも及ぶ。もし湖が消えれば、その周辺で
暮らす3700万人が「水難民」になる可能性がある。長年、サハラ砂漠
の南縁地域で植林活動などを続けるNGO「緑のサヘル」のスタッフと一
緒に、乾く大地を歩いた。

단어 琵琶湖(びわこ) 호수이름
干上(ひあ)がる 완전히 말라붙다, 마르다

[1] (a)には何が入るか。

　1. だけ　　　　2. ない　　　　3. きり　　　　4. つつ

[2] (b)に入るふさわしいものは何か。

　1. 拡大した　　　　2. 縮小した　　　　3. 拡大された　　　　4. 縮小された

[3] 灌漑(かんがい)とはどういう意味か。

　1. 海を埋めること　2. 川を縮小すること　3. 農地を潤すこと　4. 計画を立て直すこと

[4] 本文のような問題は一般に何と言われているか。

　1. 少子化の問題　　2. 温暖化の問題　　3. 寒冷化の問題　　4. 人口増加の問題

[5] 「６倍強」の「強」はどのように発音するか。

　1. きょう　　　　2. がん　　　　3. ぎょう　　　　4. ごう

새로운 표현

1 **〜なくて** | 〜하지 않아서, 〜하지 않고

- 農村では雨が降らなくて困る。
- 田中さんは合格しなくて、山田さんは合格した。

2 **〜ないで** | 〜하지 말고, 〜하지 않고

- 子供は朝ごはんも食べないで学校へ行った。
- 包丁を使わないで料理をした。

연습문제 신출어휘

知(し)らんぷり 모르는 척 | 相撲(すもう) 스모 (일본 씨름) | 力士(りきし) 스모 선수 | 八百長(やおちょう) 미리 짜고 하는 승부 | 砂漠(さばく) 사막 | 誇(ほこ)る 자랑하다 | 及(およ)ぶ 이르다 | 暮(く)らす 살다 | 水難民(みずなんみん) 물 부족 현상으로 발생한 난민 | 琵琶湖(びわこ) 호수의 이름 (일본 최대의 호수) | 灌漑(かんがい) 관개 (토양 환경 조성을 위해 인공적으로 농지에 물을 공급) | 干上(ひあ)がる 완전히 말라붙다, 마르다

8

運という
もの

運というものは確かにある。かといって世の中は運次第だから、努力は無駄だと考えるのは早計である。運がめぐってきたときそれを捕まえるのが実力だ。不断に努力を続け実力を養っておく必要がある。

8과 :: 運というもの  Track 14

人には、運というものがある。

若い頃、運とは偶然の産物で、運の有無で人生が左右されると思うのは、愚かだと教えられた。

だが、4分の3世紀生きてくると、努力だけでは達成できない何かがある。それが偶然の積み重ねで成否が決定したに過ぎないと思うと、人生そのものがひどく空しく思えるようになった。

戦場で、惜しい人間がバタバタと死んだ。

いつか、文化勲章を受けた作家の対談で読んだ。A氏が言う。

「戦争でわれわれの仲間が死なず活躍していたら、いまのおれたちは無いね」

E氏が答えた。

「そうだよ。おれたちは今ごろになっても、同人雑誌でのたうち回っていたに違いない」

言い得て妙である。

戦後、私は映画界に入り、会社が次々と潰れるなかでふしぎと生き残り、老齢に至って小説を書き始め、今もどうやら仕事を続けている。生涯現役というが、年取って働くことの辛さは筆舌に尽くしがたい。だが、省みると人生行路には、より文才に優れていながら、運に恵まれず挫折した人の死屍が累々と続いている。これは運だとしか思いようがない。

신출어휘

偶然(ぐうぜん) 우연 | 産物(さんぶつ) 산물 | 有無(うむ) 유무 | 左右(さゆう) 좌우 | 愚(おろ)かだ 어리석다 | 達成(たっせい) 달성 | 積(つ)み重(かさ)ねる 쌓이다 | 成否(せいひ) 성공여부, 성패 | 空(むな)しい 허무하다 | 戦場(せんじょう) 전장 | 惜(お)しい 아깝다 | ばたばた 계속해서 쓰러지거나 떨어지는 모양, 픽픽 | 文化勲章(ぶんかくんしょう) 문화훈장 | 対談(たいだん) 대담 | 活躍(かつやく) 활약 | 同人雑誌(どうじんざっし) 동인지 (같은 생각을 하는 사람들이 모여 자신들의 작품을 발표하는 장으로, 공동제작하는 잡지) | のたうち回(まわ)る 괴로워하며 뒹굴다 | 言(い)い得(え)て妙(みょう) 딱 맞는 표현 | 戦争(せんそう) 전쟁

世の中は運次第だから、努力は無駄だと考えるのは早計である。運を掴むのは実力である。実力は絶えず努力することで身につけるしかない。せっかく運がめぐってきたとき、努力を怠ったために実力が伴わず、運を掴みそこねた事例を数限りなく見てきた。

努力を続け、実力を持つ。それに報いがあるかないかが、運というものである。

卑近な例が、フランスにおけるW杯サッカーである。ふだん易々と決めるシュートが入らない。90分、5400秒間の2、3秒の隙に相手方のゴールがきまる。日本代表チームにも惜しい機会が何度かあった。それが悉くはずれた。実

映画界(えいがかい) 영화계 | 潰(つぶ)れる 망하다, 부서지다 | 老齢(ろうれい) 노령 | 生涯(しょうがい) 평생 | 現役(げんえき) 현역 | どうやら 그럭저럭,겨우 | 辛(つら)さ 괴로움 | 筆舌(ひつぜつ) 필설. 말과 글 | 尽(つ)くす 다하다 | 省(かえり)みる 되돌아보다 | 文才(ぶんさい) 문재. 글재주 | 挫折(ざせつ) 좌절 | 死屍(しし) 시체 | 累々(るいるい) 겹겹이 쌓이다 | 絶(た)えず 끊임없이 | 無駄(むだ) 보람없음 | 早計(そうけい) 경솔한 판단 | 身(み)につける 몸에 걸치다, (학문, 기술 등을) 익히다 | 怠(おこた)る 게으르다 | 事例(じれい) 사례 | 報(むく)い 보답 | 卑近(ひきん) 비근 | 易々(やすやす) 쉽게, 간단히 | 悉(ことごと)く 모두

力相当という向きもあるが、実力以上に運の無さが際立っていた。

　運を待つのは辛い。いつめぐりくるか、どれほどの、どんな形の運かわからない。もっと悪いのは、有るのか、もう尽きて無いのかもわからない。それを不断の努力を重ねつつ待つ。

　運は、前髪が生え、後頭部が禿げているという。出合った瞬間に掴む。うしろから追っても滑って掴めない。だから不断の努力で出合頭に掴まなければならない。人生はそういうものである。サッカーという競技のおもしろさは、それが形となってあらわれているところにある。

　最後にもう一つ。人の一生で運と勇気は決まった量しかない。使えば減るということである。運とか勇気を試すのはやめたほうがいい。一生努力を重ね、大きな運との出合いを待つことである。バクチの類で貴重な運を消耗するのは愚かなことである。

───◆ 신출어휘 ◆───

向(む)き ~게 생각하는 사람, 경향 | 際立(きわだ)つ 눈에 띄다 | 禿(は)げる 벗겨지다 | 瞬間(しゅんかん) 순간 | 滑(すべ)る 미끄러지다, 손에서 빠져 나가다 | 不断(ふだん) 끊임없음 | 出合頭(であいがしら) 만나는 순간, 마주치자마자 | バクチ 도박 | 消耗(しょうもう) 소모

1 ～がたい | ～하기 어렵다, 좀처럼 ～할 수 없다

접속 동사 ます형 + がたい
- 若い人の考えは年寄りには理解しがたいものらしい。

관련표현 ① 동사 ます형 + づらい | 힘들다, 거북하다, 까다롭다
- この車、ブレーキが効きすぎて運転しづらいですね。
- 退職理由ですか？ それはちょっと言いづらいです。

② 동사 ます형 + にくい | ～하기 어렵다
- 東京は物価が高くて住みにくい。

③ 동사 ます형 + やすい | ～하기 쉽다
- この本は説明がやさしいので読みやすい。

2 ～に優れている | ～에 뛰어나다

- 今回の新製品は耐久性に優れている。

관련표현 ～優れない | (기분, 건강 등이) 좋지 않다
- この頃顔色が優れないように見える。

3 ～に恵まれている | ～혜택받고 있다, 타고나다

- 彼は立派な体格に恵まれている。
- ロシアは天然資源に恵まれている。

4 ～ようがない | ~할 수가 없다, ~할 방법이 없다

접속 동사 ます형 + ようがない

- 質問の意味がわからなくて、答え**ようがなかった**。
- 山田さんは今どこにいるのかわからないので連絡し**ようがない**。
- あんなに怒っていては、話しかけ**ようがない**。

관련표현 ① **しかたがない** | ~할 수 없다, 하는 수 없다, 소용이 없다

- 相手がそれを望んでいる以上、**しかたがない**よ。

② **やむを得ない** | 어쩔 수 없다, 할 수 없다

- 病気なら休むのも**やむを得ない**。

5 ～次第 | ~에 따라 결정되다

접속 명사 + 次第

용법 어떤 사항의 진행 여부가 말하는 사람의 의지로 결정되지 않고,
「名 + によって決まる」를 나타내는 표현

- 今日の野球試合ができるかどうかは、天気**次第**です。

관련표현 ① **동사 ます형 + 次第** | ~하자마자 (≒~したら, すぐ)

- 日本に着き**次第**、連絡いたします。

② **동사 ます형 + 次第だ** | ~나름이다, ~하는 바이다
　　　　　　　　　　　　　　(주로 자신의 행동을 설명할 때)

- 本来は社長がごあいさつさせていただくべきですが、あいにく抜けられない仕事がありまして、急拠、社長に代わって、一言ごあいさつ申し上げることになった**次第**です。

③ **次第に** | ~점점, 서서히 (≒だんだん)

- 空が**次第**に明るくなる。

6 **せっかく** | 모처럼, 일부러 (≒なのに, わざわざ)

- せっかくの休みなのに働かなければなりません。
- せっかく旅行に行く用意をしたのに、台風のために行けなくなりました。

7 **～そこねる** | ～하지 못하다, ～할 기회를 잃다, ～하는데 실패하다

접속 **동사의 ます형 + そこねる**

- 遊んでいて宿題をやりそこねた。
- 10時の飛行機に乗りそこねた。

연습문제

본문 내용 확인

1. 「言い得て妙である」とはどういう意味ですか。

2. 生涯現役の現役という語を使って文章をつくりなさい。

3. 死屍累々とはどういう意味ですか。

4. 人生が運だけで決まれば空しいが、それだけではないと筆者は言っています。

　どういうことが重要なことですか。

5. なぜバクチなどをしないほうがいいと言っていますか。

문법・문형

1_ [〜ず] _____ の言葉を「〜ないで」または「〜なくて」の形に変えて

　（　　）に書きなさい。

a. 戦争で仲間が死なず、活躍していたらいまのおれたちはないね。

　（　　　　　　　）

b. 授業中いきなり当てられたが、うまく答えられず、恥をかいてしまった。

　（　　　　　　　）

c. 長い間親友と連絡がとれず、心配した。

　（　　　　　　　）

d. 彼女は別れのあいさつもせず、私のもとを去っていった。

　（　　　　　　　）

e. 彼は山で遭難し、何も食べず一週間過ごしたという。

　（　　　　　　　）

단어　遭難(そうなん) 조난

92

2_ [副詞] 四角の中からふさわしいものを選んで自然な文になるようにしなさい。

| けだし | ひどく | 悉く | 惜しくも | 絶えず | 不思議と | なかなか | どうやら |

a. 転勤したての１年間は、(　　　　　　　　　　　　　)憂鬱な期間であった。

b. 来月の皆既日食は(　　　　　　　　　　　　)見られそうですよ。

c. 大切な面接の前だったが、私は(　　　　　　　　　)落ち着いていました。

d. 企業は(　　　　　　　　　)新製品を開発してゆかなければならない。

e. 「(　　　　　　　　　)名言！」という言い回しは、よく使われれます。

f. もう20分も待っているのに、(　　　　　　　　　　)バスが来ないですね。

g. やることなすこと(　　　　　　　　　　)裏目に出ることがあるものだ。

h. 優勝したが、(　　　　　　　　　)世界新記録の更新はならなかった。

単語 憂鬱(ゆううつ) 우울 ‖ 皆既日食(かいきにっしょく) 개기일식 ‖ 不思議(ふしぎ)だ 이상하다, 불가사의하다 ‖ 裏目(うらめ) 예상과 반대되는 결과

3_ [複合動詞] 四角の中の上と下のことばをつかって複合動詞を作り、必要
な場合は形を変えて自然な文になるようにしなさい。

| もつ | 書く | 生きる | めぐる | つかむ | のたうつ |
| __まわる | __残る | __はじめる | __そこねる | __くる | __こむ |

a. 池宮氏は老齢にいたって小説を(　　　　　　　　　　)。

b. 上位(　　　　　　　　　)をかけ、４チームが激突した。

c. バスの中でつり革を(　　　　　　　　　)て、転んでしまった。

d. 運を待つのは辛い。いつ(　　　　　　　　)か。どんな形の運かわからない。

e. (　　　　　　　　)くらい歯が痛かったので、おいてあった薬をのんだ。
するとだいぶ楽になった。

f. お荷物の機内への(　　　　　　　　)は２個までとなっております。

　よろしくおねがいいたします。

4_ [受身] **ふさわしいほうを選びなさい。両方可能の場合もある。**

a. 弟は兄(に ・ から)なぐられた。

b. 幸子さんは先生(に ・ から)ほめられた。

c. 麻衣さんはみんな(に ・ から)愛されている。

d. 佐藤さん(に ・ から)パーティに招待された。

e. 組織委員長(に ・ から)参加者全員に記念品が手渡された。

f. 信号のところに立っていたら、見知らぬ人(に ・ から)声をかけられた。

g. この作品はベートーベン(に ・ によって)作曲された。

h. 赤ちゃん(に ・ から)泣かれて、夜、一睡もできなかった。

i. 法隆寺は聖徳太子(に ・ によって)建立された。

단어 幸子(さちこ) 여자의 이름 ┃ 麻衣(まい) 여자의 이름 ┃ 法隆寺(ほうりゅうじ) 호류지 (나라시에 있는 절. 607년건립)
聖徳太子(しょうとくたいし) 쇼토쿠 태자 (574~622)

　　前の会社(私鉄の会社)にいたときには「経理と総務以外は全部仕事をした」と自慢してきたんです。おかげで、いろいろな分野の人と知り合いになりました。お客様を招いても、よそを訪問しても、たいてい共通の人を知っていて、話がどんどん［　A　］。持ち前の元気さ、明るさもかみ合い、今も人間関係は広がっていて、人生に役立っています。

　　私の仕事観は「（　a　）のあるところに道あり」です。米国に行く時も「ぜひ」と引き受けましたし、近畿日本ツーリストへの発令を受けた時も、一つの機会だと。どんどん積極的に飛び込んでいったことが、仕事をしていく（　b　）で大きかったと思います。今後も、何かあれば挑戦していきたい。これは人生観でもあります。

　　若者に訴えたいのは、「常に道場にあり」という気持ちです。私の場合、新人時代は駅勤めがあって、最終電車が行った後、たばこの吸殻を拾ったり、トイレ掃除をしたり、いろいろな仕事をしました。今から考えると、どんな仕事も役立ったと感じます。役員時代は鉄道の現業関係の仕事をしたのですが、実際に経験したのと見たのとでは、全然違うんですね。

　　だから、入社して「こんな仕事」と感じる時は、常に「道場」だと思ってほしいですね。「嫌だ」と思って仕事をするのは簡単ですが、一生懸命に取り組めば、開花したり、将来につながったりすると思います。

単어 近畿日本(きんきにほん)ツーリスト 여행회사 ｜ 吸殻(すいがら) 담배꽁초
現業関係(げんぎょうかんけい)の仕事(しごと) 현장에서 일함

[1] (a)に入るふさわしいものは何か。

　1. 意　　　　2. 学　　　　3. 道　　　　4. 芸

[2] (b)には何が入るか。

　1. 上　　　2. 下　　　3. 右　　　4. 左

[3] [A]に入るふさわしいものはどれか。

　1. 沈んでゆく　　　2. 冷めてゆく　　　3. しらける　　　4. 盛り上がる

[4] 筆者の仕事観はどれか。

　1. 最後まで残って仕事する　2. 誰もしない仕事だけする　3. 全て訓練の場だと思う　4. 雰囲気作りが大切

[5] 「挑戦」の発音はどれか。

　1. とうせん　　　　2. ちょうせん　　　　3. どせん　　　　4. じょうせん

연습문제
에서 체크할

새로운 표현

1 〜ていく │ ~해 가다

접속 동사 て형 + いく(ゆく)

용법 어느 시점까지 동작이 계속됨을 나타냄

- これからも自然を大切にしていきたい。

2 〜なければならない │ ~하지 않으면 안 된다 (해야 한다)

접속 동사 ない형 + なければならない

- 強い薬は注意して使わなければならない。

연습문제
신출어휘

いきなり 불쑥 | 当(あ)てる 지명하다 | 恥(はじ)をかく 창피를 당하다 | 親友(しんゆう) 친한 친구 | 遭難(そうなん) 조난 | 憂鬱(ゆううつ) 우울 | 皆既日食(かいきにっしょく) 개기일식 | 不思議(ふしぎ)だ 이상하다, 불가사의하다 | やることなすこと 하는 일 마다, 하는 짓 모두 | 落(お)ち着(つ)く 침착하다 | 裏目(うらめ)に出(で)る 엉뚱한 결과를 낳다, 빗맞다 | 更新(こうしん) 갱신 | 激突(げきとつ) 격돌 | つり革(かわ) 손잡이 | 機内(きない) 기내 (비행기 안) | 筆者(ひっしゃ) 필자 | のたうつ 괴로워 몸부림치다 | 私鉄(してつ) 민영철도 회사 | 経理(けいり) 경리 | 総務(そうむ) 총무 | 自慢(じまん) 자만 | 招(まね)く 부르다 | よそ 다른 곳 | 持(も)ち前(まえ) 천성 | 役立(やくだ)つ 쓸모있다 | 引(ひ)き受(う)ける 맡다 | 発令(はつれい) 발령 | 積極的(せっきょくてき) 적극적 | 挑戦(ちょうせん) 도전 | 訴(うった)える 호소하다 | 常(つね)に 항상 | 吸殻(すいがら) 담배 꽁초 | 拾(ひろ)う 줍다

96

9 お付き合いの潤滑油は笑顔

日本はもともと微笑の国として有名であったが、いつのころからか微笑が少なくなったようだ。微笑はいつの世でもダイヤモンドである。街角ですれ違いざま微笑したり、エレベーターの中で乗り合わせた人に笑顔を与えたりすることは、人付き合いの場における人間性の表れである。笑顔を大切にしたいものだ。

9과 :: お付き合いの潤滑油は笑顔

【帰国時に感じる日本人のきつい表情】

新年明けましておめでとうございます。

このコラムをお読みいただいている方々の中には既に外国暮らしを始め、新年を外国で迎えられた方もいらっしゃるのではないでしょうか。お住まいの国の新年風景はいかがだったでしょうか。外国のお正月は日本とはかなり違います。アメリカの大都市の広場では大晦日に新年のカウントダウンを行なったり、午前零時を期して花火を打ち上げたりして大騒ぎをする所もあります。

それに比べて、日本人は、大晦日には除夜の鐘を聞いて来し方を反省し、元旦には氏神様に一年の繁栄を祈願する、といったように家庭的で精神性にあふれた祝い方をしますので、総体的に静かなものです。

さて、前回ご近所との付き合いのスタートについて書きましたが、外国にいる時に日常の生活について特に留意したい事柄を付け加えます。それは顔の表情です(美醜とは違います)。外国で5、6年勤務して帰国した時に街で出会う人達の表情が非常に気になりました。口をへの字に結び、きつい目をして、不満そうに口を尖らせている人がたいへん多いのです。

街中で文句を言われたり、言いがかりを付けられたりする訳ではないのですが、電車の中で女性からきつい目で見られると痴漢でもないのに何か悪いことをしたのではないかと不安を感じてしまいます。外国ではよほど変な状態に陥らない限り、にらまれたりすることはありません。

● 신출어휘 ●

付(つ)き合(あ)い 교제 | 潤滑油(じゅんかつゆ) 윤활유 | 笑顔(えがお) 웃는 얼굴 | 帰国(きこく) 귀국 | 表情(ひょうじょう) 표정 | 既(すで)に 이미, 벌써 | 風景(ふうけい) 풍경 | 広場(ひろば) 광장 | 大晦日(おおみそか) 12월31일 | 零時(れいじ) 0시 | 花火(はなび) 불꽃놀이 | 大騒(おおさわ)ぎ 대소동 | 除夜(じょや)の鐘(かね) 제야의 종 | 反省(はんせい) 반성 | 元旦(がんたん) 설날(1월1일) | 来(き)し方(かた) 과거, 지나온 시간 | 祈願(きがん) 기원 | 氏神様(うじかみさま) 그 고장의 수호신 | 繁栄(はんえい) 번영 | 家庭的(かていてき) 가정적 | 精神的(せいしんてき) 정신적 | 総体的(そうたいてき) 총체적 | 近所(きんじょ) 이웃 | 日常(にちじょう) 일상 | 留意(りゅうい) 유의 | 事柄(ことがら) 사항, 사정 | 美醜(びしゅう) 미추 (아름다움과 추함) | 勤務(きんむ) 근무 | 気(き)になる 걱정이 되다, 마음에 걸리다

香港の空港にいたとき、矢印に従い手前のトイレに入ろうとしたらそこは女性用で、叱られても仕方のない状態でしたが、居合わせた中年女性が笑いながら女性のマークを指さして間違いを教えてくれたことがありました。一般に、人なつっこさは周りの人に良い印象を与えます。

【好印象を与える表情を意識する】

　アラスカにいた時のことですが、事務所のエレベーターで乗り合わせた見知らぬ女性から、「私は糖尿病なので、これから運動しに外へ出て行くの」と話しかけられたことがあり、大変ですねとご同情しましたが、その後女性とは挨拶を交わすようになりました。

　このようにいちいち病気であることを告げる必要はありませんが、異民族の中に入りそこで安穏な生活を続けるためには、身の回りの人に、自分には危害を加えるつもりがないこと、周りの人と同様に健全な人間であることを知ってもらわねば（なければ）なりません。見知らぬ人に出会ったら敵意がないことを先に示すのが肝心です。「笑顔」はそれを示す重要なボディー・ランゲージなのです。

　現在タイは「微笑の国」と自称し、サービス業における柔らかい笑顔を売り物にしていますが、かつて日本人の微笑は世界を魅了しました。「謎の微笑」とも呼ばれ、日本へ来た外国人は治安の良さと併せて絶賛したものでした。い

きつい 엄하다, 심하다 | 文句(もんく) 불만 | 痴漢(ちかん) 치한 | 陥(おちい)る (좋지 못한 상태에)빠지다 | 矢印(やじるし) 화살표 | 居合(いあ)わせる 마침(공교롭게) 거기에 있다 | 人(ひと)なつっこい 붙임성이 있다 | 好印象(こういんしょう) 좋은 인상 | 糖尿病(とうにょうびょう) 당뇨병 | 同情(どうじょう) 동정 | 挨拶(あいさつ) 인사 | 交(か)わす 나누다 | 異民族(いみんぞく) 이민족 | 安穏(あんのん) 안온함 | 身(み)の回(まわ)り 자신의 주위 | 危害(きがい) 피해 | 加(くわ)える 더하다 | 健全(けんぜん) 건전, 건전함 | 敵意(てきい) 적의, 적대심 | 肝心(かんじん) 중요, 소중 | 微笑(びしょう) 미소 | 自称(じしょう) 자칭 | 魅了(みりょう) 매료 | 謎(なぞ) 의문, 신비 | 見知(みし)らぬ 낯선 | 治安(ちあん) 치안 | 絶賛(ぜっさん) 절찬, 극찬

つの頃からかそれを曖昧笑いと呼び、微笑をさけるようになってしまいました。

　でも、世界では今でも「微笑はダイヤモンド」なのです。人通りの多い街角ですれ違う際に体を斜めにして微笑する（狭い所でお互いに苦労しているね）、エレベーターの中で乗り合わせた人に笑顔を与える（今日もお元気ですか）、それは人付き合いの場における人間性の表れではないでしょうか。笑顔を他人に与えられない人とは付き合いたくないものです。

　やっぱり、一日中きつい目をして攻撃的でいるのは気分的にも疲れるでしょう。周りの人もきっとご同様ですよ。

●━━ 신출어휘 ━━●

曖昧(あいまい)だ 애매하다 | 人通(ひとどお)り 사람의 왕래 | 街角(まちかど) 길거리 | すれ違(ちが)う 마주 지나가다, 엇갈리다 |
斜(なな)め 비스듬함, 기욺 | 攻撃的(こうげきてき) 공격적 | 同様(どうよう) 같음, 마찬가지임

1 ～たり～たりします ┃ ～하기도 하고 ～하기도 합니다

`접속` 동사 て형 + たり + 동사 て형 + たりします

- 休みの日は、部屋を掃除したり、映画を見に行ったりします。

2 ～に比べて ┃ ～에 비하여, ～에 비교하여

`접속` 명사 + ～に比べて

- 例年に比べて今年は野菜の出来がいい。

`관련표현` ～と比較して ┃ ～와 비교하여

- 彼の絵はプロの画家の絵と比較して少しも劣るとは思わない。

※ 「比べる」, 「比較する」는 대개의 경우 같은 뜻으로 사용하지만 「比較する」가 문장
  체적인 표현

3 ～ものだ ┃ ～해야 한다, ～했었다

`용법` ① ～해야 한다, ～한 것이다 (일반적인 경향, 조언)

- 悪いことをしたら謝るものだ。
- 年上の人には敬語を使うものです。

② ～했었다, ～하군 (회상이나 감동을 나타낼 때, 소원을 나타낼 때)

- 昔はよく遊びに行ったものだ。
- 最近は便利になったものだ。
- あの車に乗ってみたいものだ。

4 ～そう(に) | ～한 것 같이 (양태)

[접속] 동사의 ます형 · イ형용사 사전형 · ナ형용사 어간 + そうに

- 彼はまじめで親切そうです。
- あの映画はとても面白そうです。
- 今にもあの子は泣きだしそうです。

5 ～に従って | ～에 따라(서)

[접속] 명사 · 동사 사전형 + に従って

[용법] 동작 · 작용 · 상태 등이 진행됨에 따라 발생하는 변화를 나타냄

- 父は年をとるに従ってますます頑固になった。
- 成長するに従って親の負担も増す。
- 電気製品の普及に従って、家事労働が楽になった。

[관련표현] ① ～につれて | 시간적인 변화에 중점

- 成長するにつれ、彼の名声は世界中に広まった。
- 文明が発達するにつれて、人間は自分自身の身体を使わなくなった。

② ～とともに *21페이지 설명 참고

- 年をとるとともに、涙もろくなった。
- 子供は大きくなるとともに親から離れていく。

③ ～にともなって | 개인적인 사항의 변화 보다는 규모가 큰 변화

- 町の発展にともなってにぎやかになっていった。
- 人口が増加するにともなって食糧問題は深刻になってきた。

6 ～(よ)うとする ┃ ～하려고 하다

용법 ① 시도한 행위가 완료되지 않은 상태를 표현

- ドアを閉め**ようとした**が、閉まらなかった。

② 어떤 행위가 이루어지기 직전의 상태를 표현

- 寝**ようとした**時、電話がかかってきた。

7 ～ねば ┃ ～하지 않으면 안 된다

접속 **동사 ない형 + ねば** (부정 조동사 ぬ의 가정형, ～ねばならない의 생략형)

- 何としても頑張ら**ねば**と思うのですが、気ばかり焦って一向に進歩の兆しは見えません。

관련표현 **～なければいけない/～なければならない/～なくてはいけない/～なくてはならない** ┃ ～하지 않으면 안 되다

※ 이들 문형 간에 의미의 차이는 없지만, いけない보다 ならない가 문체적으로 딱딱한 표현이며, 더욱 문장체적인 형식은 ～ねばならない이다.

- このレポートは明日までに返さ(**なければいけない/なけらばならない**)んです。
- 目上の人と話すときはことばづかいに気をつけ(**なくてはいけない/なくてはならない**)。
- 一致協力して問題解決に当たら**ねばならない**。
- 今日は経済学のレポートを書か**なきゃいけない**んだ。

:: 연습문제

본문 내용 확인

1. アメリカなどの大晦日の過ごし方に対して、日本ではどのように過ごしますか。

2. 外国で働いて日本に帰国したとき気になったことはどんなことですか。

3. 香港の空港でのエピソードを簡潔に書いてみましょう。

4. アラスカでのエピソードを簡潔に書いてみましょう。

5. かつて日本人の微笑は世界を魅了していたが、どうしてそれがなくなっていったの
でしょうか。

문법 · 문형

1_ [尊敬語・謙譲語] 敬語法の観点からふさわしいものを選びなさい。

a. このコラムを(お読み・読み)(くれている・くださっている)方々の中
には、すでに外国暮しをはじめている方も(いる・いらっしゃる)と思
います。

b. すみませんが、工場内での写真の撮影は(ご遠慮願います・ご遠慮なさ
います・ご遠慮致します・ご遠慮くださいます)。

c. お客様にご案内(いただきます・もうしあげます・させられております
・おさせております)。

d. 出発にあたり、参加者の確認を(させていただきます・なさってくれます
・なさってみます・させてくれます)。

e. 武田先生がていねいにご指導(さしあげた・いただいた・くださった・
なさった)おかげで、なんとか論文を仕上げることができました。本当
にありがとうございました。

f. 河野先生、実は先生に(お目にかかり・お目にかけ・ごらんになり・拝
見いたし)たいものがございまして、今日持ってまいりました。

g. 日本語での手紙、いかがでしたでしょうか。ぜひ先生のご感想を(きい
てください・おうかがいいたし・おきかせください・おきかせいたし)
ませんか。

h. 金教授はもう25年も日本仏教について研究して(ごらんになる・おめし
　　になる・おこしになる・おいでになる)そうです。

i. ぜひ、ヤン先生のご意見を(ごらんにいれたい・おめにかかりたい・
　　もうしあげたい・おうかがいしたい)と存じます。よろしくおねがいい
　　たします。

2_ [名詞化] **名詞形にして文を完成させなさい。**

a. 一般に(ひとなつっこい →　　　　　　　　　　　　　　　)は回りの人によい
　　印象を与えます。

b. 映画「七人の侍」の(おもしろい →　　　　　　　　　　)がわかりますか。

c. それは人付き合いの場における人間性の(表れる →　　　　　　　)では
　　ないでしょうか。

d. この店の野菜はその(新鮮だ →　　　　　　　　　　)が売りです。

e. 今回の出来事では、まさにことばの(重い →　　　　　　　)という
　　ものを感じさせられました。

f. どろ道で(深い →　　　　　　　　　　)にはまってしまった。

g. あのスーパーの店員は(あたたかい →　　　　　　　　　)のある接客を
　　するので、いつも込んでいる。

(cf.)ナ形容詞の名詞形で「新鮮み」のように「み」がつく例をあげられるだけあげてみましょう。

3_ [もの] **例文の「もの」と同じ使われ方の「もの」を選びなさい。**

> **[例]** 笑顔を他人に与えられない人とはつきあいたくない<u>もの</u>です。

a. 日本のお正月は総体的に静かな<u>もの</u>です。

b. なにか食べたい<u>もの</u>、ありますか。

c. 人生はそういう<u>もの</u>である。

d. 初歩的なミスは絶対に避けたい<u>もの</u>です。

e. この川で友だちとよく泳いだ<u>もの</u>です。

f. 言語とは文化の在り方と分かちがたく存在している<u>もの</u>である。

g. 自分のミスは認めたくない<u>もの</u>ですが、勇気を出して認めるようにしよう。

h. 努力を続け、実力を持つ。それに報いがあるかないかが、運という<u>もの</u>である。

i. 「謎の微笑」とも呼ばれ、日本へ来た外国人は治安の良さと併せて絶賛した<u>もの</u>でした。

4_ [授受動詞と助詞]　ふさわしいほうを選びなさい。

a. 実家(に・から)りんごを送ってもらいました。

b. 辛いことも、時(が・に)忘れさせてくれるよ。

c. 吉田さんがうちの子ども(に・と)遊んでくれました。

d. 花子さんは一郎君(に・を)セーターを編んであげた。

e. 先生はお別れパーティで私たち(に・を)歌を歌ってくださいました。

f. 残念だけど、君(に・から)は辞めてもらうよ。

g. 来月の弁論大会は、ウンジョンさん(に・を)出てもらうことにします。

h. 日照り続きだったが、やっと雨(が・に)降ってきてくれた。

i. よくできた生徒(に・を)ほめてやりました。

j. 複雑な計算は、スーパーコンピュータ(が・に)やってもらおう。

k. 今回の交換留学の件は、ソヨンさん(が・から)教えてもらって知りました。

l. 自分には危害を加えるつもりがないこと、健全な人間であること(に・を)知ってもらわねばなりません。

　知力に自信のある男性は喜んでください!? 女性は交際相手を選ぶときに、男性のルックスが良いかどうかに関わらず、男性の「知性」に重きを置くようです。

　初詣で、一年の健康と幸福を祈るのと同時に、ひそかに「今年（　a　）は結婚ができますように！」と祈ったシングルも少なくないのではないでしょうか。

　最近、「婚活」(結婚活動)なる言葉をよく聞きます。晩婚化で30代40代の未婚率が増加しています。一方で、ある意識調査によると、実際は未婚者の9割が結婚をしたいと考えているそうです。未婚者の4割が過去1年間に婚活をしているという調査結果もあります。しかし、その調査によると、婚活は女性においては有効でしたが、男性においてはほとんど効果がなかったといいます。男性にはなかなか厳しい状況のようです。

　男女が異性のどこに魅力を感じるのか、この人と交際をしようと［　A　］ものが何なのかについては、シングルあるいは婚活中の方も、そうではない方も［　B　］になるところでしょう。

　男女（　b　）に異性の良いルックスや性格に惹かれることは、科学的研究で解明する（　c　）もないことでしょう。しかし、女性は、結婚相手のような長期の交際相手（　d　）でなく、短期の交際相手を選ぶ際にも、男性の「知性」を重視することが、これまでの複数の研究によって示されています。

[1] (a)には何が入るか。
　1. さえ　　　　　2. こそ　　　　　3. だけ　　　　　4. まま

[2] (b)には何が入るか。
　1. だけ　　　　　2. こそ　　　　　3. など　　　　　4. とも

[3] (c)には何が入るか。
　1. だけ　　　　　2. から　　　　　3. まで　　　　　4. ほど

[4] (d)には何が入るか。
　1. だけ　　　　　2. さえ　　　　　3. たち　　　　　4. など

[5] [A]には何が入るか。
　1. まよう　　　　2. はからう　　　　3. 歩ませる　　　　4. 思わせる

[6] [B]には何が入るか。
　1. 目　　　　　2. 手　　　　　3. 気　　　　　4. 心

[7] 「晩婚化」の発音はどれか。
　1. ばんこんか　　　2. まんこんか　　　3. ばんほんか　　　4. まんほんか

새로운 표현

1 ～てやる | ～해 주다 (동작·은혜의 수수(授受)를 나타냄)

접속 동사 て형 + やる

- 子供におもちゃを買ってやった。
- 妹に英語を教えてやる。

관련표현 ① ～てあげる/～てさしあげる | ～해 주다/～해 드리다

주는 사람이 주어이고 주는 측 입장에서 표현할 때 사용
- 田中さんは金さんを区役所へ連れて行ってあげました。

② ～てくれる/～てくださる | ～해 주다/～해 주시다

제 3자가 말하는 사람이나 말하는 사람 쪽에 이익·은혜를 줄 때 사용
- 中野先生が私に日本語を教えてくださいました。

③ ～てもらう/～ていただく | ～해 받다

이익·은혜를 받는 사람이 주어이고 받는 사람 입장에서 표현할 때 사용
- 私は田中さんに区役所に連れて行っていただきました。

2 ～ぬ | ～않다 (부정 조동사 ず의 연체형)

접속 동사 ない형 + ぬ

- 忘れぬ味。
- まだ見ぬ国にあこがれる。

연습문제
신출어휘

簡潔(かんけつ) 간결 | 撮影(さつえい) 촬영 | 感想(かんそう) 감상 | 侍(さむらい) 사무라이 | 出来事(できごと) 사건 | まさに 틀림없이 | どろ道(みち) 흙탕길 | 接客(せっきゃく) 접객 | 総体的(そうたいてき) 총체적 | 初歩(しょほ) 초보 | 勇気(ゆうき) 용기 | 報(むく)い 보답 | お別(わか)れパーティ 송별회 | 弁論(べんろん) 변론 | 生徒(せいと) 생도 (학생) | 交際(こうさい) 교제 | 重(おも)き 무게, 중점 | ひそかに 몰래 | 晩婚(ばんこん) 만혼. 늦은 결혼 | 意識調査(いしきちょうさ) 의식조사

7 - 9과

종합문제
(듣기와 쓰기)

 듣기 Track 16

※ 문장을 듣고 괄호 안에 알맞은 말을 넣으세요.

1. 同一性の強い(　　　　　)の中においては、互いに(　　　　　)を図る
ことが比較的容易であり、その和を(　　　　)ような強度の(　　　　)
の必要性は薄い。

2. 一般的に日本語は(　　　　)がなくても通じるようにできている。それな
のに(　　　　)主語を(　　　　)ことは、「自己主張が強く(　　　　)」
「相手に嫌な気持ちを(　　　　)」という心配を(　　　　)ことになる。

3. もちろん英語などの他の言語にも(　　　　)な(　　　　)はあるが、
それでもそれは日本語に比べると(　　　　)少ないといっていい。

4. これらの原因には日本人の英語への(　　　　)も関係しているが、それを
さしひいても欧米基準からみた日本人の「自己主張の(　　　　)」は、一つ
の(　　　　)と言えるだろう。議論や対立は好まず、「どうか(　　　　)」
「その場を(　　　　)」とするのが日本人の性質だ。

쓰기

1. 「～からすると」を使って例文を書きなさい。

2. 「～はず」を使って例文を書きなさい。

3. 「まま」(副詞)を使って例文を書きなさい。

4. ７課の内容を短くまとめてみよう。

듣기  Track 17

※ 문장을 듣고 괄호 안에 알맞은 말을 넣으세요.

1. 若い頃は、運とは(　　　　　)の産物で、運の(　　　　　)で人生が左右
されると思うのは、愚かだと教えられた。だが、4分の3(　　　　)生きて
くると、努力だけでは達成できない何かがある。それが偶然の積み重ねで
(　　　　　　　)が決定したに過ぎないと思うと、人生そのものがひどく
(　　　　　　　)思えるようになった。

2. 世の中は運(　　　　)だから、努力は(　　　　　)と考えるのは早計である。
運を掴むのは実力である。実力は絶えず(　　　　　)することで身につける
しかない。(　　　　　　　)運がめぐってきたとき、努力を怠ったために実力が
(　　　　　　　)、運を掴みそこねた事例を(　　　　)見てきた。努力を続け、
実力を持つ。それに(　　　　　　　)があるかないかが、運というものである。

 쓰기

1. 「〜にすぎない」を使って例文を書きなさい。

2. 「〜しかない」を使って例文を書きなさい。

3. 「せっかく」を使って例文を書きなさい。

4. 8課の内容を短くまとめてみよう。

듣기  Track 18

※ 문장을 듣고 괄호 안에 알맞은 말을 넣으세요.

1. (　　　　　　)の国の新年(　　　　　　　)はいかがだったでしょうか。外国の
お正月は日本とはかなり違います。アメリカの大都市の(　　　　　)では
大晦日に新年のカウントダウンを行ったり、午前零時を(　　　　　)花火を
打ち上げたりして大騒ぎをする所もあります。

2. 街中で(　　　　　)を言われたり、(　　　　　)を付けられたりする訳ではない
のですが、電車の中で女性から(　　　　　)で見られると(　　　　　　)でも
ないのに何か悪いことをしたのではないかと不安を感じてしまいます。

3. 異民族の中に入りそこで(　　　　　　)な生活を続けるためには身の周りの
人に、自分には(　　　　　)を加えるつもりがないこと、周りの人と同様に
(　　　　　)な人間であることを知って貰わねばなりません。見知らぬ人に
出会ったら敵意がないことを先に示すのが(　　　　　)です。「(　　　　　)」
はそれを示す重要なボディー・ランゲージなのです。

 쓰기

1. 「～そうに」を使って例文を書きなさい。

2. 「～かぎり」を使って例文を書きなさい。

3. 「～うとする」を使って例文を書きなさい。

4. 「～ようになる」を使って例文を書きなさい。

5. 9課の内容を短くまとめてみよう。

10

創造性に
ついて

従来創造性というのは、持って生まれた天分であって努力や訓練で促進できるものではないと考えられてきたが決してそうではない。個人の努力も重要だし、社会全体が協力して自由奔放な思考形式を育て上げるべく努力してゆく必要がある。

10과 :: 創造性について

最近アイディア戦争とか、創造性開発という言葉がよく使われる。

伝統を守ることもさることながら、現代のようなスピード時代においては、だれもが、新しいものをつぎつぎと生み出していく必要に迫られている。とくに、文科系出身のビジネスマンなどは、特別な技術も身につけずにビジネス社会で勝負しようというのだから、創造性を持つことは絶対不可欠の義務である。学歴にばかりへばりつき、習い覚えた知識だけで生きていこうとする人間は、どしどし篩にかけられる。あなたがもし、このきびしい生存競争の矢面に立ちながら、しかも、才能開発に多大の関心を払いながらも、無策のまま現状に安住しようとしているとすれば、あなたにとって、これほど危険なことはない。

ところで、私の見るかぎり、ビジネスマンや一般の人たちが創造性開発のために払う努力は、それに対する関心や必要度のわりに、いかにも粗末なもののように思われる。

それというのも、今日まで創造性というのは、本来持って生まれた天分であって、努力や訓練によって開発し、促進しうるものではない、と考えられてきたからである。

たしかに、日本ではこれまで、家庭においても、学校においても、また職場においても、真の創造性開発を妨げる要因があまりにも多すぎた。とくに、職場においては、若い社員のはつらつとしたアイディアに対して、つねに、「若

◆ 신출어휘 ◆

最近(さいきん) 최근, 요즘 | **開発**(かいはつ) 개발 | **創造性**(そうぞうせい) 창조성 | **勝負**(しょうぶ) 승부 | **絶対不可欠**(ぜったいふかけつ) 절대불가결 | **義務**(ぎむ) 의무 | **学歴**(がくれき) 학력 | **知識**(ちしき) 지식 | **矢面**(やおもて) 정면 | **篩**(ふるい)**にかける** 체로 치다, 가려내다, 선발하다 | **無策**(むさく) 무대책 | **安住**(あんじゅう) 안주 | **いかにも** 자못, 정말로, 매우, 아무리 봐도, 제법 | **粗末**(そまつ)**だ** 허술하다 | **天分**(てんぶん) 천분, 천성 | **促進**(そくしん) 촉진

気の至り」という批判のほうが、さきに立つことが多かった。

　ブレーンストーミングというアイディア開発法がある。これは、何人かのグループが、ぜったいに他人を批判せず、現実的可能性の有無にかかわらず、自由奔放な考えを発表し合うものである。いままではこのもっとも大事な条件すら、見落とされていたのである。

　いまから、もう何年か前のこと、私はある株式雑誌に頼まれて上場会社の社長や従業員の方々に会い、人間関係など心理的な側面からその会社の将来性を診断してまわったことがある。

　このとき私が目をつけたのは、上役と下役との心理的圧力関係だった。上からの圧力のかかっている職場では、新しいものが生まれてくる可能性が少ない。したがってまた、将来性も少ないと考えたわけである。

　たとえば、ある会社では上役がそこに行っても、下の社員が平気で屈託なく話を展開している。これは望ましい会社の空気である。しかしある会社では、課長が出てくると係長が黙ってしまい、部長が出てくると課長以下が、借りてきた猫のようにおとなしくなってしまう。こんな会社では、若手社員の創造的な力が十分発揮されるはずがなく、将来性も少ないと診断せざるをえない。

　こんなふうに、独創的なアイディアを生み出していこうとすれば、社会全体が一致協力して、自由奔放な思考形式を育て上げる努力をする必要がある。従来の日本ではこの点の配慮があまりにも不十分だったのではあるまいか。

妨(さまた)げる 방해하다 ｜ 若気(わかげ)の至(いた)り 젊은 혈기의 소치 ｜ 批判(ひはん) 비판 ｜ 自由奔放(じゆうほんぽう) 자유분방 ｜ 見落(みお)とす 간과하다 ｜ 上役(うわやく) 윗사람 ｜ 下役(したやく) 아랫사람 ｜ 屈託(くったく) 신경 씀, 싫증 냄 ｜ 発揮(はっき) 발휘 ｜ 鋳型(いがた) 거푸집 ｜ 嵌(は)め込(こ)む 끼워넣다 ｜ どしどし 연달아, 계속, 척척, 착착 ｜ へばりつく 달라붙다 ｜ 上場(じょうじょう) (주식)상장

人間を鋳型に嵌め込み、常識や、習慣や、伝統や、記憶された知識などが幅をきかせる社会では、創造性は開発しにくいということを、私たちはもう一度反省すべきではないだろうか。

━━━ ◆ 신출어휘 ◆ ━━━

幅(はば)を利(き)かせる 활개치다, 말발이 먹히다

중요 표현

1 ～もさることながら ┃ ～도 물론이거니와

- 彼は会社の実績もさることながらスポーツ万能で親孝行という申し分のない息子だ。

관련표현 **①** ～はもちろん ┃ ～은 물론

- 家族はもちろん親類をはじめ、友だち、同僚など、彼女の関係者で、彼女を悪く言うものは、一人もいなかった。

② ～はもとより ┃ ～은 말할 것도 없고

- 牛肉はもとよりコメの輸入自由化までも強く主張した。

③ ～うえ(に) ┃ (그것에) 덧붙여, 게다가

- ごちそうになったうえにお土産までもらった。

2 ～ほど(ぐらい)～こと(もの)はない ┃ ～만큼 ～한 것은 없다

- 世界の言葉の中で英語ほど難しいものはない。
- 焼肉ぐらいおいしい食べものはないだろう。

❸ ところで │ 그런데, 그것은 그렇고

용법 갑자기 화제를 바꿀 때 쓰는 표현
- ところで、あの件はどうなりましたか。

관련표현 ① **〜たところで** │ 〜해 보았자, 〜했댔자
- 毎日一生懸命働いたところで、家一軒買うこともできないのだ。

② **ところが** │ 그러나, 그런데
- 紛争は長期化すると見られていた。ところが、国連の調停によって案外早く解決した。

③ **〜どころか** │ 〜는 커녕, 〜는 물론
- 彼女の家まで行ったが、話をするどころか姿も見せてくれなかった。
- となりの人の干渉はわずらわしいどころかあれではプライバシーの侵害だ。

❹ 〜かぎり │ 〜하는 한, 〜한 이상

- 体が丈夫なかぎり、思いきり会社のために活躍したいものだ。
- 受験戦争があるかぎり、生徒は遊べない。

5 **～わりに(は)** ┃ ～에 비해서(는)

용법 기준보다 낮다는 것을 표현

- 年のわりにふけて見えるのは、髪型と服装のせいだ。

관련표현 **～にしては** ┃ ～치고는 (예상과는 다른 결과를 나타낼 때. 보통 뒤에 '의외다, 뜻밖이다'의 내용이 온다)

- 彼は日本人にしては、英語の発音もきれいだし、自分の意見をはっきり 言う。

6 **～うる(=える)** ┃ ～할 수 있다

접속 **동사의 ます형 + うる**

※ うる의 부정형은 得ない이다

- その絵の素晴らしさは、とても言葉で表しうるものではない。
- 彼が失敗するなんてありえない。
- 21世紀には人が月で生活することもありえるかもしれない。

7 **～の至り** ┃ 아주(극히) ～함, ～하기 그지없음

접속 **명사 + の至り(だ)**

- こんな立派な賞をいただきまして、光栄の至りです。
- 全社員の前で仕事上の大きなミスを指摘され、赤面の至りだ。
- このような後援会を立ち上げてくださいまして、感謝の至りです。

:: 연습문제

 본문 내용 확인

1. 創造性というものは今日までどのように考えられてきましたか。

2. ブレーンストーミングというのはどういったものですか。

3. 会社の将来性の診断でわかったことはどんなことですか。

4. 創造性の開発の面で、どんなことが問題になると筆者は言っていますか。

 문법・문형

1_ [副詞の呼応] _____ に①～⑩の中からいちばんふさわしいものを選びなさい。

---

① かなわないと思う。 ｜ ② 報われるとはかぎらない。 ｜ ③ ピエロのように振る舞う。

④ さぞ美味いんだろうなって思いながら見てました。 ｜ ⑤ テレビドラマじゃあるまいし。

⑥ 犯人は彼かも知れない。 ｜ ⑦ 証拠があまりにも不十分である。

⑧ この経験は決して忘れないでください。 ｜ ⑨ 富士山の登山は延期します。

⑩ 来ないだろう。 ｜ ⑪ 私の話を聞いてください。

(a) もし雨が降ったら、_____。

(b) たぶん彼は、_____。

(c) もしかすると、_____。

(d) どうか、_____。

(e) まるで、_____。

(f) たとえ祖国に帰っても、_____。

(g) まさか、_____。

(h) 彼にはとうてい、_____。

(i) 玄米から精米したてのお米のご飯は、_____

_____。

(j) 努力が必ずしも、_____。

(k) はっきりと判断を下すには、_____。

2_ [〜にかぎる] ふさわしいものを選び自然な文になるようにしなさい。

にかぎる	にかぎって/かぎり	にかぎらず	とはかぎらない	しかない

a. ハーバード大を出た人が、出世する(　　　　　　　　　　)。

b. 論文や専門図書を調べるのは国会図書館(　　　　　　　　　)。

c. 特別セール期間(　　　　　　　　　)、全製品5割引になる。

d. こうなったら自分でやる(　　　　　　　　)。

e. 行政書士試験は近年非常に難しく、1回で合格できる(　　　　　　　)。

f. これは製造や営業(　　　　　　　　)、すべての部門にあてはまる
　　ことです。

g. 冬の寒い日は鍋料理(　　　　　　　　)。体も気分もあったかくなります。

h. ビザの延長ができなければ、国に帰る(　　　　　　　)だろう。

i. お金持ちだからといって、必ずしも幸せ(　　　　　　　)。

3_ [ざるをえない] 四角の中からふさわしいものを選びなさい。

ざるをえない	きれない	ずにはいられない	にほかならない

a. 彼女が最近太ってしまった原因は、就職活動のストレス(　　　　　　)。

b. 目の前に食べ(　　　　　　　　)ほど大きなピザがある。

c. 不況で注文が70%も落ち込んでいる。人員整理をせ(　　　　　　)。

d. 投票率の低さは、若者らの政治に対する無関心の表れ(　　　　　　)。

e. 彼はお酒が大好きだ。お酒を見ると飲ま(　　　　　　　　　　　)。

f. 新製品に不具合があった。クレームが1日に1000件も来るので対応し
(　　　　　　　　　　　)。

g. 私の運転ミスで相手をけがさせてしまった。治療費を払わ(
　　　　　　　　　　　)。

h. ワーキングビザに落ちてしまった。日本行きはあきらめ(
　　　　　　　　　　　)。

단어 不具合(ふぐあい) 형편이나 상태가 좋지않음

4_ [受身] 四角の中の動詞を適当に変化させて自然な文にしなさい。

| 排除する | 話しかける | 使う | 言う | 左右する | つける | 扱う | 取り入れる |

a. 運の有無で人生が(　　　　　　　　　　　)と考えるのは愚かなことだ。

b. 「結構です」という表現は、肯定にも否定にも(　　　　　　　　　)。

c. バスの中で乗り合わせた見知らぬ人から(　　　　　　　　　)た
ことがあります。

d. 日本の各地に、笑いが神事に(　　　　　　　　　)ているケースもある。

e. ゴリラは100年もの間、好戦的な動物として(　　　　　　　　)てきた。

f. 街中で文句を(　　　　　　)たり、言いがかりを(　　　　　　)たり
すると、誰でも驚く。

g. 「(　　　　　　　　　)べきは喫煙者じゃない、煙だ」——という
スウェーデン発のスローガンがある。

단어 神事(しんじ) 제사 ㅣ 取(と)り入(い)れる 도입하다 ㅣ 言(い)いがかり 시비 ㅣ 排除(はいじょ)する 배제하다

羊を統率する能力においてボーダー・コリーに勝る牧羊犬はいない、とさえ言われているほど作業能力が高く、牧羊の盛んな国では多くのボーダー・コリーが優秀な仕事（　a　）を発揮しています。

ボーダー・コリーの祖先犬は、8世紀後半から11世紀にかけて、バイキングがスコットランドに持ち込んだトナカイ用の牧畜犬だったといわれています。その後、土着犬と交雑し、19世紀末頃には（　b　）現在のタイプになりました。

犬種名の「ボーダー」は「国境・県境」を意味しますが、かつてスコットランドの地がイングランドから見て「国境の向こう」であったとする説、スコットランドに実在するボーダーズ州に由来するという説などがあります。

大変賢く、また「飼い主さんに命じられたことを頑張って行います！」といった仕事への意欲が高く、責任感の強い犬種です。飼い主さんと一緒にアジリティやフリスビーなどのドッグスポーツを楽しんだり、一緒に運動したりすることにとても向いている犬です。

ただし、その賢い知能と非常に高い運動能力からくる欲求を満たしてあげられないと、ストレス（　c　）問題行動を起こしてしまう可能性もあります。

単語　トナカイ 순록 ｜ 牧畜犬(ぼくちくけん) 목축견 ｜ 土着犬(どちゃくけん) 토착견
交雑(こうざつ) 뒤섞임 ｜ アジリティ＝犬の障害物競走

[1] (a)に入るふさわしいものは何か。

1. がち　　　　2. ぎみ　　　　3. ぶり　　　　4. だけ

[2] (b)には何が入るか。

1. ほぼ　　　　2. やや　　　　3. ほど　　　　4. やおら

[3] (c)には何が入るか。

1. まで　　　　2. さえ　　　　3. だけ　　　　4. から

[4] ボーダーコリーの特徴を一言で言うとどれか。

1. 力とスタイル　　2. 知能と愛嬌　　3. 意欲と責任感　　4. 競争と攻撃性

[5]「統率」の発音はどれか。

1. どうりつ　　　　2. とうりつ　　　　3. とうそつ　　　　4. どうそつ

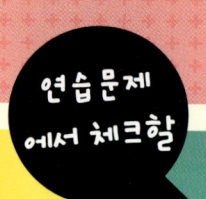

1 **〜では(じゃ)あるまいし** | 〜도 아닌데

접속 명사 + ではあるまいし
동사의 사전형 + の/ん + ではあるまいし
ナ형용사 어간 + ではあるまいし

- 子供ではあるまいし、暗い所が怖いなんて、おかしいですね。
- 幽霊が現れたんじゃあるまいし、そんな驚いた顔をするなよ。

2 **〜にかぎる** | 〜하는 것이 제일이다, 〜밖에 없다

- 疲れたときは風呂に入るにかぎる。

용법 ① **〜かぎりでは** | 〜한에서는, 〜범위에서는 (어떤 판단의 근거가 되는 범위를 한정)

- 私が知っているかぎりでは、田中さんはそんなことをする人ではない。

② **〜とはかぎらない** | 꼭 〜라고는 할 수 없다, 〜만이 아니라

- 好きな人と結婚しても、幸せになるとはかぎらない。
- 盗難にあわないともかぎらないから、保険に入ろう。

124

새로운 표현

❸ ～から ～にかけて | ～부터 ～에 걸쳐서

접속 명사 + から + 명사 + にかけて

용법 끝이 분명하지 않고 막연한 경우에 사용, 대체적인 범위를 나타냄
- 春から夏にかけて。
- 八日の夜から九日の朝にかけてお祭りが行われる。
- 私達の店は今年の春から秋にかけて改装する予定です。
- 10代後半から20代にかけて、ギターに夢中になった。

관련표현 ① ～から～まで | ～부터 ～까지 (시점・종점을 명시하여 시간과 거리 등의 범위를 나타냄)
- 8月10日から8月15日まで休みです。

② ～にわたって、～にわたる | ～에 걸쳐서 (범위 전체)
- 関東地方は二日間にわたる大雪で交通が麻痺した。
- 賃上げの話し合いは、数回にわたって行なわれ最終的には決着した。
- 5日間にわたった文化祭も今日で幕を閉じます。

❹ ～きれる/～きる | (완전히) ～할 수 있다/～하다

- そんなにたくさん食べきれますか。
- そんな分かりきったことをいつまで言っているんだ。

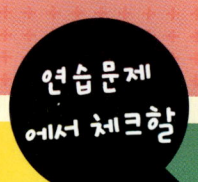

연습문제에서 체크할 새로운 표현

5 ～にほかならない | 다른 것이 아니라 바로 ～이다

접속 명사 (+である) + にほかならない

용법 강조, 단정적 판단을 내릴 때 사용

- あの人が志望の大学に入れたのは、努力の結果にほかならない。
- 今回の成功は皆さんのご協力の結果にほかならない。

연습문제 신출어휘

玄米(げんまい) 현미 | 精米(せいまい) 정미 | 下(くだ)す (판단을) 내리다 | 振(ふ)る舞(ま)う 행동하다 | さぞ 필시 | 決(けっ)して 절대로 | 登山(とざん) 등산 | 延期(えんき) 연기 | 出世(しゅっせ) 출세 | 5割引(ごわりびき) 50% 할인 | あてはまる 딱 들어맞다 | 就職(しゅうしょく) 취직 | 不具合(ふぐあい) 문제, 상태가 좋지않음 | 投票率(とうひょうりつ) 투표율 | 若者(わかもの)ら 젊은 사람들 | クレーム (claim) 클레임 | 治療費(ちりょうひ) 치료비 | 神事(しんじ) 제사 | 言(い)いがかり 시비 | 統率(とうそつ) 통솔 | 勝(まさ)る 뛰어나다 | トナカイ 순록 | 牧羊犬(ぼくようけん) 목양견 | 盛(さか)んだ 번성하다 | 優秀(ゆうしゅう) 우수 | 発揮(はっき) 발휘 | 牧畜犬(ぼくちくけん) 목축견 | 土着犬(どちゃくけん) 토착견 | 交雑(こうざつ) 뒤섞임 | 命(めい)じる 명하다 | 国境(こっきょう) 국경 | かつて 일찍이 | 由来(ゆらい) 유래 | 飼(か)い主(ぬし) 기르는 사람 | 賢(かしこ)い 현명한 | 欲求(よっきゅう) 욕구 | 愛嬌(あいきょう) 애교, 아양

11 長く眠って、長く起きているのは人間だけ

人間は脳が非常に発達してしまったために、「レム睡眠」と「ノンレム睡眠」を組み合わせた睡眠が必要になった。それで夜間にまとめて寝て、日中に最大のパフォーマンスを発揮させるように、ちょっと無理をして進化したと考えられている。

11과 :: 長く眠って、長く起きているのは人間だけ

―― 続けて起きているのは人間だけなのですか？

人間のように、16時間も覚醒状態を続けられる動物はいません。動物は短時間で寝たり起きたりを繰り返す「スプリット(分割)」された眠りで、ゴリラやチンパンジーなど、人間に比較的近い類人猿もそうです。ネズミは昼間の睡眠量が夜間の2倍になります。人間が起きていられるのは、そのための進化が起きたからだと考えられますが、相当「無理」をしているんじゃないかと思う。

―― 無理な進化を？

長く寝ていても平気なのは、安全なところに住んでいる動物です。オオコウモリの睡眠時間は約20時間、アルマジロは17時間。一方、キリンや馬は睡眠時間が3～4時間です。危険な場所に住む動物は、短い睡眠の方が適応性が高いのです。

―― 人間は？

人は草原で狩りをしていましたから、危なくて長く眠れないグループに入ります。一方で、脳が非常に発達してしまったために、体を休める「レム睡眠」と脳の機能を再調整する「ノンレム睡眠」を組み合わせた睡眠が必要になった。それで、夜間にまとめて寝て、日中に最大のパフォーマンスを発揮させるように「努力して」進化したと考えています。

신출어휘

覚醒状態(かくせいじょうたい) 각성상태 | 比較的(ひかくてき) 비교적 | 類人猿(るいじんえん) 유인원 | 昼間(ひるま) 낮, 주간 | 睡眠量(すいみんりょう) 수면량 | 進化(しんか) 진화 | 相当(そうとう) 꽤, 제법 | 平気(へいき) 태연함, 끄떡없음 | 危険(きけん) 위험 | 適応性(てきおうせい) 적응성 | 草原(そうげん) 초원 | 狩(か)り 수렵, 사냥 | 脳(のう) 뇌 | 非常(ひじょう)だ 비상하다 | 発達(はったつ) 발달 | 機能(きのう) 기능 | 再調整(さいちょうせい) 재조정 | 日中(にっちゅう) 대낮

—— 努力の結果、まとめて眠るようになった。

　生まれたばかりの赤ちゃんは、短時間の睡眠を繰り返しますね。まとめて寝るようになるのは幼稚園に行く年ごろです。そして高齢になって認知症になると、再び寝たり起きたりを繰り返すようになる。このことから考えると、人間も動物と同じように、短い時間に分かれた睡眠がベースにあるんだろう。努力して、短い睡眠の人が「弾かれた」進化の歴史があるんじゃないかと疑っています。

—— なぜ、除外されたのでしょう。

　人類は、歴史上多くの時間、集団で採集狩猟をして生活してきた。１人で獲物を捕らえることができないので、食物を得るために昼間、集団で狩りをする。そうすると、狩りをする時間に寝たり起きたりしている人は、パフォーマンスが悪いということになる。約600万年にわたって、昼間寝る人が排除されてきた結果、我々は、まとめて寝るように進化したんです。でも、皆と一緒でないからといって、じたばたしなくてもいいじゃないですか。

—— ２時間くらいしか寝なくても平気な人もいます。

　睡眠というのは、覚醒からノンレム睡眠(深い睡眠)、レム睡眠(浅い睡眠)にいたるサイクルを約90分で繰り返します。90分より短い睡眠時間で毎日生き

努力(どりょく) 노력 | 幼稚園(ようちえん) 유치원 | 年(とし)ごろ 그럴 만한 나이 | 高齢(こうれい) 고령 | 認知症(にんちしょう) 인지
능력 저하 | 繰(く)り返(かえ)す 반복하다, 되풀이하다 | 除外(じょがい) 제외 | 人類(じんるい) 인류 | 歴史上(れきしじょう) 역사상 |
採集(さいしゅう) 채집 | 狩猟(しゅりょう) 수렵, 사냥 | 獲物(えもの) 잡은 것, 사냥감 | 排除(はいじょ) 배제 | じたばた 서두르거나
당황하여 바둥대는 모양

ている人は例がありません。１サイクルがなかなか成立しない人は睡眠を取るのに時間がかかる。10時間眠らないと３サイクルにならない人もいるし、270分で３サイクルになる人もいる。

—— 人によって違う？

　僕の実感では、年を取ると２サイクルでいい。毎日２時間で平気な人は、１サイクルで良質な睡眠が成立するのでしょう。昔は明るい時間に活動して、暗くなったら休む生活だった。電気も何もありませんでしたからね。その一部分で寝ていたんです。就寝していることがイコール睡眠ではなく、90分のサイクルを３、４回繰り返すことが睡眠。最初に良い睡眠が取れるかどうかが大事で、１回目、２回目のサイクルが勝負どころです。そこが就寝時間とシンクロしている人はハッピーなの。

―― もう数百万年経ったら、元に戻るかもしれませんね。

　個人の活動だけで社会が成立するようにネットワークが発達すれば、みんな
が勝手に寝るようになって、短時間に分けて寝る人が出てくるかもしれない。
僕本人が寝ていても、残像か何かで他人とコミュニケーションできるツールが
あれば、取材があっても起きていなくてもいいわけです。今のところはツール
がないので、やはり皆と同じ時間帯に起きていましょうということになります
ね。

就寝(しゅうしん) 취침 | 勝手(かって) 멋대로 | 残像(ざんぞう) 잔상 | 取材(しゅざい) 취재

1 **～ように** | ～하도록

- 風がよく通る**ように**もっと窓を開けなさい。

용법 ① **～ように** | ～처럼, ～같이 (비유, 예시)
- まるで石の**ように**固いパンを食べさせられた。

② **～ように** | ～하도록 (간접 의뢰)
- 展示品には手を触れない**ように**してください。

③ **～ようにする** | ～하도록 (노력, 습관)
- 手紙をもらったら、すぐ返事を書く**ようにしている**。

2 **～たばかり** | ～한지 얼마 안되는

접속 **동사 た(과거형) + ばかり**
- 会社に入っ**たばかり**なので、まだ何もわかりません。
- このデジカメは昨日買っ**たばかり**です。

관련표현 **～たところだ** | ～한지 얼마 안되다 (완료)
- たった今仕事が終っ**たところ**です。

※ ～たばかりだ와 ～たところだ의 차이 : 「～たばかり」는 그 일(事件)이
   일어나고 나서 실제 경과된 시간이 아닌, 말하는 사람의 주관적인 판단으로
   얼마되지 않았다고 여겨지는 경우에 사용. 「～たところ」는 말하는 사람
   의 그때, 그 상황의 객관적인 상황.

❸ 〜からといって | ~라고 하여

접속 명사 + だ + からといって
동사 사전형 + からといって
イ형용사 사전형 · ナ형용사 사전형 + からといって

용법 주로 뒤에 「〜わけではない、〜とはかぎらない、〜というわけ
ではない」 등 부분 부정이 오며 말하는 사람의 판단, 비판을 나타
낼 때 사용
- 女だからといって、みんなやさしいわけではない。
- 金持ちだからといって、幸せだとはかぎらない。

❹ 〜にいたる | ~에 이르다, ~에 도달하다

접속 명사 · 동사 사전형 + にいたる

용법 공간적으로 어떤 장소에 도달하는 경우와 사항이나 생각 등의 변화
의 결과, 어떤 단계나 결론에 도달하는 경우에 사용
- 借金の額にいたるまで調べられた。
- 京都を経て大阪にいたる。

본문 내용 확인

1. 長く寝ていても平気な動物はどんな動物ですか。

2. 人間は本来短時間の睡眠を繰り返していたと考えられますが、どういう理由から長い
   睡眠をするようになったと考えられますか。

3. 睡眠のときどういうことが大事ですか。

문법 · 문형

1_ [助詞] (　　　　)にふさわしいひらがなを1字入れなさい。

a. 人間(　　　　)ように16時間も覚醒状態を続けられる動物はいません。

b. ネズミは昼間の睡眠量が夜間の2倍(　　　　)なります。

c. たまには思い切り遊ぶ(　　　　)も、受験生の生活には必要だ。

d. 妹は「遠足なのに雨だ……」(　　　　)がっかりした。

e. 子どもサービスデーなので、12歳未満の児童は無料(　　　　)
   ご覧になれます。

f. 食物を得るために、集団(　　　　)狩りをする。

g. あの店は安い(　　　　)おいしいし、いつもあの店で食べます。

h. 自分勝手(　　　　)行動するのは慎んでください。

i. 平気(　　　　)そんなきついこと、言わないでくださいよ。

2_ [からといって] 四角の中からふさわしいものを選んで自然な文にしなさい。

> からすると ｜ からみると ｜ からいって ｜ からといって ｜ からでないと ｜ からのこと

a. その事実がわかったのは、20世紀後半になって＿＿＿＿＿＿＿＿＿である。

b. 消費者＿＿＿＿＿＿＿＿＿＿、HV車はまだまだ手が出ない値段だ。

c. 留学試験の結果を見て＿＿＿＿＿＿＿＿＿、進学先は決められない。

d. 仕事が向いてない＿＿＿＿＿＿＿＿、毎日会社をさぼってばかりはいられない。

e. 私の経験から＿＿＿＿＿＿＿＿、しばらく安静にしていれば徐々に回復します。

f. わが家の経済状態＿＿＿＿＿＿＿＿＿、ヨーロッパ旅行はいまのところ無理だ。

g. この車、デザインはいいけど、実際に乗って＿＿＿＿＿＿＿いいかどうかわからない。

h. 日本人＿＿＿＿＿＿＿＿、主語をわざわざ明確にしなくても「話の流れでわかるはず」ということになる。

i. かなり腕をあげているが、私の目＿＿＿＿＿＿＿＿まだまだ一流のコックとはいえない。

j. 一生懸命勉強した＿＿＿＿＿＿＿＿いい点数がとれるとはかぎらない。

3_ [にわたって] ふさわしいものを選びなさい。

に反して	にかけて	にそって	にくらべて	にかわって	にわたって

a. 約600万年＿＿＿＿＿＿＿＿だんだんまとめて寝るように進化した。

b. 積極的な兄＿＿＿＿＿＿＿＿、弟は消極的だ。

c. 午後から晴れという予報だったが、予報＿＿＿＿＿＿雨はやまなかった。

d. ここから800メートル＿＿＿＿＿＿＿桜並木がつづいている。

e. 通り＿＿＿＿＿＿＿食べ物を売る店が並んでいる。

f. 彼はニューヨークのハーレムなどで約40年近く＿＿＿＿＿＿写真を撮り続けたそうです。

g. あの鳥が日本で見られるのは、3月から11月＿＿＿＿＿＿です。

h. ドイツ出張中の会長＿＿＿＿＿＿＿＿＿＿＿、社長がA社との打ち

合わせに出た。

i. これは長年に＿＿＿＿＿＿＿＿＿広く愛用されている製品です。

4_ [受身] まちがいの部分に線をひいて正しい表現にしなさい。

a. 子どもが成長されるのが楽しみです。

b. この銅像はロダンに作られたものだ。

c. 子供は私によく似られています。

d. 飛行機が安定されるまで、おタバコはご遠慮ください。

e. 面接試験のとき、とても緊張されてうまく話せませんでした。

f. 新型インフルエンザがどこで発生されたのかまだわかっていない。

g. インターネットの発達によって、社会が大きく変化されてきました。

5_ [使役] 四角の中の動詞を変化させて自然な文にしなさい。

喜ぶ ｜ 飲む ｜ 払う ｜ 遅れる ｜ 言う ｜ 遊ぶ

a. 人にお酒を無理に(　　　　　　　　　　)てはいけません。

b. 子どもたちを(　　　　　　　　)おいて、その間に買い物をしました。

c. 負け犬はよく吠えると言うだろ。言いたい奴には(　　　　　　　)

ておけ。

d. 地震に対する認識の甘さが対応を(　　　　　　　)たのである。

e. 子どもからの小さなプレゼントが親を(　　　　　　　)るものだ。

f. 財布を忘れて、友だちに食事代を全部(　　　　　　　)てしまった。

　精神科医のほかに大学教員の仕事もしている私は、この時期、講義を受け持っているいくつかの大学の卒業式に出席する。

　今年の特徴は、学長や来賓の祝辞の中に、必ずといってよいほど「経済危機」「不況」というキーワードが登場することだ。当然のように、スピーチのトーンも明るくない。

　「大学の外の社会はかつてないほどたいへんな状況だが、希望を捨てずにがんばって」などと言われて、卒業生たちも何となくうつむき [　A　]。

　こんな門出じゃかわいそうだな、とつい同情してしまった。

　しかし、全体の式が終わってクラスごとのミーティングになると、彼らの顔にも笑顔が広がる。

　とくに面白かったのは、ひとり一言のあいさつタイムだ。就職活動が思うようにいかず、まだ進路が決まらない卒業生も少なくないのだが、「楽しむことは忘れ（ a ）にいきましょう」「人生一度、悔いがないよう前を向いて生きたい」などと、例年に比べてみな威勢がいいのだ。

　おそらく大人たちから「先の見えない世の中」などと半ば脅かされるような言葉を聞け（ b ）聞くほど、若者たちは「じゃ、思い [　B　] やってやろうじゃないか」と [　C　] の心境になるのではないだろうか。こんな時代だからこそ守りに入らず、攻めの気持ちでがんばりたい、という彼らの姿勢はとても好ましく思われた。

단어 来賓(らいひん) 내빈 ｜ 威勢(いせい) 위세

[1] (a)に入るふさわしいものは何か。

1. て　　　　2. で　　　　3. る　　　　4. ず

[2] (b)には何が入るか。

1. よ　　　　2. ば　　　　3. る　　　　4. な

[3] [A]には何が入るか。

1. がち　　　　2. がてら　　　　3. まま　　　　4. つつ

[4] [B]には何が入るか。

1. まま　　　　2. だけ　　　　3. まで　　　　4. きり

[5] [C]には何が入るか。

1. 明け渡し　　　2. 取り締まり　　　3. 開き直り　　　4. だめ押し

[6] 「門出」の発音はどれか。

1. もんしゅつ　　　2. もんで　　　3. かどしゅつ　　　4. かどで

새로운 표현

1 ～ほうがいい ｜ ～하는 편이 낫다

접속 **동사 사전형 + ほうがいい**
- 今日は傘を持っていったほうがいい。
- 寝る前には食事をしないほうがいい。

2 ～とはかぎらない ｜ 반드시 ~인 것은 아니다

접속 **명사 + だとはかぎらない**
동사 사전형 · イ형용사 사전형 + とはかぎらない
ナ형용사 어간 + だ + とはかぎらない
- 金持ちが幸福だとはかぎらない。

관련표현 **～わけではない、～とはいえない、～ないかもしれない**
- アメリカ人が皆、アメリカ文化に詳しいわけではない。
- 好きな相手と結婚しても、幸せにならないかもしれない。

3 ～そうだ ｜ ～라고 한다 (전문)

접속 **명사 · ナ형용사 어간 + だ + そうだ**
동사 사전형 · イ형용사 사전형 + そうだ
- 木村さんは今日来ないそうだ。
- ニュースによると、明日雨が降るそうだ。

연습문제 신출어휘

値段(ねだん) 가격 ｜ さぼる 빼먹다 (땡땡이치다) ｜ 腕(うで)をあげる 실력이 늘다 ｜ 点数(てんすう) 점수 ｜ 消極的(しょうきょくてき) 소극적 ｜ 銅像(どうぞう) 동상 ｜ 新型(しんがた) 신형 ｜ 負(ま)け犬(いぬ) 경쟁에서 진 쪽 ｜ 吠(ほ)える 짖다 ｜ 奴(やつ) 녀석 ｜ 特徴(とくちょう) 특징 ｜ 来賓(らいひん) 내빈 ｜ 祝辞(しゅくじ) 축사 ｜ 危機(きき) 위기 ｜ 登場(とうじょう) 등장 ｜ うつむく 머리 숙이다 ｜ 門出(かどで) (집을) 나섬 ｜ 進路(しんろ) 진로 ｜ 悔(く)い 후회 ｜ 例年(れいねん) 예년 ｜ 威勢(いせい) 위세 ｜ 半(なか)ば 절반 ｜ 脅(おど)かす 위협하다 ｜ 心境(しんきょう) 심경 ｜ 攻(せ)め 공격, 공세 ｜ 好(この)ましい 바람직하다, 마음에 들다

12 血液型性格判断の怪

血液型性格判断が常識となっているのは、日本と韓国だけである。これは仲間同士の冗談レベルの話なら問題はないが、人間差別につながる危険性をはらんでいる。性格というのは素質と環境の絡み合いで形成されるもの。血液型だけで判断するような短絡的な行為は慎んだ方がいい。

12과 :: 血液型性格判断の怪　

　どのサーチエンジンでもかまわない。「血液型」と入力して検索してみよう。おびただしい数のページがヒットする。そのほとんどが、人間の性格は血液型で決まるということを前提としたもので、これに異議をさしはさむページは暁天の星のごとくに少ない。A型は几帳面、B型はマイペース、O型は八方美人、AB型は二重人格というのが定説らしい。

　しかし、私はこれをまったく信じていない。仕事に関しては几帳面だが、余暇の過ごし方はマイペース、人当たりはよいが、ひそかに意外な趣味を持っているという人だってたくさんいるだろう。その場合、その人は何型ということになるのだろうか？　一人の人間にはさまざまな面がある。小心な人が場面によっては意外な大胆さを見せたり、その逆があったりするところに人間や世の中の面白さがある。これに対してABO式の血液型には4つの類型しかない。こじつければ、どんな人だって任意の類型にあてはめることは可能である。だから、一旦血液型性格判断を信じてしまうと、それを実証する例を集めることは誰にでも容易である。

　人間は性格のみならず、肉体的特徴も千差万別である。その中でとくに血液型に、それもABO式だけになぜスポットが当てられるのかがわからない。思うに、誰の目にも分かる肉体的特徴ではボロが出やすい。そこで、検査でしか分からず、科学的な感じのする血液型が選ばれたように思われてならない。

　血液型の分布には地域的な変異がある。私と同じB型はヨーロッパ人には少

신출어휘

血液型(けつえきがた) 혈액형 | 怪(かい) 의아함, 신기함 | 検索(けんさく) 검색 | 前提(ぜんてい) 전제 | 異議(いぎ) 이의 | 暁天(ぎょうてん) 새벽, 새벽녘 | 几帳面(きちょうめん) 꼼꼼함 | 八方美人(はっぽうびじん) 팔방미인 | 二重人格(にじゅうじんかく) 이중인격 | 定説(ていせつ) 정설 | 余暇(よか) 여가 | 趣味(しゅみ) 취미 | 小心(しょうしん)だ 소심하다 | 大胆(だいたん) 대담 | 類型(るいけい) 유형 | 判断(はんだん) 판단 | 特徴(とくちょう) 특징 | 千差万別(せんさばんべつ) 천차만별

ないようだが、ヨーロッパ人にはマイペースな人は少ないのだろうか？むしろ逆のような気がする。性格の分布に(地球規模で)地域差があるとしても、それが先天的な分布の比率なのか、社会のあり方を見て後天的に選択したかをどうやって見極めるのであろうか？私の一家はそろってB型であるが、性格はばらばらなように思える(だからマイペースといわれるのかも知れないが……)。先住アメリカ人(いわゆるインディアン、インディオ)は、純粋な人は全員O型だということだが、するとマヤやアステカ、インカの文明は同じ性格の人ばかりで作られていたのだろうか？　ちなみに血液型の国別分布は下の表の通りだという。

表 <血液型の国別分布>

	AB	A	B	O
日本	9	38	22	31
韓国	11	34	27	27
中国	6	23	25	46
インド	9	21	41	29
アメリカ白人	4	40	11	45
フランス	3	46	9	42
ナイジェリア	6	21	29	44

2000年のシドニー五輪ではアボリジニのキャシー・フリーマンが聖火の最終ランナーを務め、陸上競技で金メダルを獲得した。

ヨーロッパでは、かつて白人種の優秀さを示すことを目的とした優生学なるものが流行したことがある。はじめに目的ありきなのだから、科学として成り

変異(へんい) 변이 | 規模(きぼ) 규모 | 地域差(ちいきさ) 지역차 | 先天的(せんてんてき) 선천적 | 比率(ひりつ) 비율 | 選択(せんたく) 선택 | 純粋(じゅんすい) 순수 | 分布(ぶんぷ) 분포 | 聖火(せいか) 성화 | 黄色人種(おうしょくじんしゅ) 황색인종 | 陸上競技(りくじょうきょうぎ) 육상경기 | 獲得(かくとく) 획득 | 優生学(ゆうせいがく) 우생학

立つはずもない代物であった。優生学者は血液型にも目をつけ、Ａ型が優秀でＢ型は劣等だとして、Ｂ型の比較的多いアジア人を差別する論拠にしようとした。しかし、この理論は彼らが劣等と信じ込んでいたアボリジニにＡ型が多いことが分かって崩壊した。今日では優生学自体がエセ科学としてかえりみられることはない。

　血液型性格判断も、このようなエセ科学の一環として始まった。しかし、黄色人種の国日本ではさすがに人種間の優劣の基準として取り入れることはできず、性格を分けるものと焼きなおされて取り入れられた。兵士の適性診断に利用し、精鋭部隊をつくろうという試みもなされたという血なまぐさい歴史も持っている。

　ひとりの人間にはさまざまな面がある。どのような面でその人を評価するかは、時と場合により異なるはずであるのに、一つの面を絶対視し、つねにその人を排除するところに差別が生じる。血液型性格判断も仲間同士の冗談めいたコミュニケーションに用いられるなら、目くじら立てるほどのものでもあるまいが、このような差別につながる危険がないとはいえない。性格とは素質と環境の絡み合いで形成されるものであり、その絡み方は人それぞれである。だから、一人一人を偏見なく見極めることこそ大事なことであり、たかが血液型で判断しようなどというのは、怠慢のそしりを免れない。

　血液型性格判断が常識となっているのは、日本と韓国だけで、世界のほとん

― ◆ 신출어휘 ◆ ―

劣等(れっとう) 열등 | 差別(さべつ) 차별 | 似非(えせ) 사이비, 하찮음 | 論拠(ろんきょ) 논거 | 崩壊(ほうかい) 붕괴 | 一環(いっかん) 일환 | 優劣(ゆうれつ) 우열 | 適性診断(てきせいしんだん) 적성진단 | 精鋭部隊(せいえいぶたい) 정예부대 | 試(こころ)みる 시도하다 | 排除(はいじょ) 배제 | 素質(そしつ) 소질 | 絡(から)み方(かた) 관련, 조합방법 | 偏見(へんけん) 편견 | 怠慢(たいまん) 태만 | 免(まぬが)れる 피하다, 벗어나다 | 代物(しろもの) 물건, 상품, (경시하는 어투로) 어떤 평가의 대상이 되는 사람이나 사물 | 唱(とな)える 외우다, 읊다 | さしはさむ (이론 등을) 제기하다, 참견하다 | 人当(ひとあ)たりがよい 대인관계가 좋다, 붙임성이 좋다

どの地域では、血液型と性格が関係があるなどという考え方があることすら知られていない。それなのに、日本人には、血液型性格判断が欧米から来たと思いこんでいる人が多く、欧米人に血液型を聞いてけげんな顔をされてしまう。まさか日本人と韓国人だけが血液型で性格が決まるなどということはないから、血液型「人間学」を唱える人は、「世界」の非常識に対して闘いを挑まなければならない。しかし、その論拠はあまりにも薄弱である。それよりは、日本と韓国のように単一民族幻想の強い国に限ってなぜ常識化するのかというように、この問題を比較文化論の観点から論じたほうが実りが多い。

　アウシュヴィッツの悲劇を経験したヨーロッパでは、血液型人間学は優生学の亡霊とみなされるに違いない。自分たちを差別するために唱えられた「理論」が、日本で性格判断に利用されていると聞いたなら、日本人というのは何と無邪気な連中だろうとあきれられるに違いない。

こじつける 억지로 구실, 이유를 끌어대다 ┃ けげんな顔(かお)をする 의아한 얼굴을 하다 ┃ 挑(いど)む (싸움, 시비를) 걸다 ┃ 薄弱(はくじゃく) 박약 ┃ 幻想(げんそう) 환상 ┃ 悲劇(ひげき) 비극 ┃ 実り(みのり) 열매 ┃ 無邪気(むじゃき)だ 순진하다, 천진난만하다 ┃ ボロを出(だ)す (자신의) 흠(무식)을 드러내다 ┃ ちなみに 이와 관련하여, 덧붙여서 말하면 ┃ 焼(や)き直(なお)す 다시 굽다, 가공하다, 개작하다 ┃ 血(ち)なまぐさい 참혹하다, 살벌하다 ┃ 目(め)くじらを立(た)てる 쌍심지를 켜다, 트집을 잡다 ┃ たかが (내용, 정도, 성질, 신분 등에 붙어서) 겨우, 기껏해야 ┃ そしり 비난, 비방

1 ～ごとく | ~와 같이

접속 명사 + の + ごとく
동사 사전형 + ごとく

용법 비유・예시할 때 사용하며, 주로 문장체로 사용

- 前述したごとく、会議の日程が変更になりましたので、ご注意ください。
- 時間は矢のごとくすぎて行く。

관련표현 ① 명사 + の + ごとし

- まるで絵のごとし。

② 명사 + の + ごとき

- 良子は白百合のごとき乙女になった。

2 ～のみならず | ~뿐만 아니라

접속 명사・동사 사전형・イ형용사 사전형 + のみならず
ナ형용사 어간 + である + のみならず

- 若い人のみならず老人や子供達にも人気がある。
- 戦火で家を焼かれたのみならず、家族も失った。
- 彼女は聡明であるのみならず容姿端麗でもある。

❸ 〜でもあるまい | 〜도 아니다

접속 **명사 + でもあるまい**

- 子供でもあるまいし、自分のことは自分でしなさい。
- 学生でもあるまいし、アルバイトはやめて、きちんと勤めなさい。
- 心に留めておくほど大したことでもあるまい。

❹ 〜ことはない | 〜할 필요없다 (격려, 충고)

- 悪いこともしていないのに謝ることはない。

関連표현 ① **〜ことだ** | 〜하는 것이 중요하다, 필요하다

  ※ 상대에게 어떤 것을 위해 그렇게 하는 것이 필요하다, 당연하다 라고 권고
    하거나 충고할 때 사용

  - 健康を取り戻すには、何も考えずによく眠ることですね。

② **〜ことから** | 〜때문에, 〜한 이유에서

  ※ ことから 앞에는 뒷내용을 판단하는 근거가 되는 이유가 온다

  - 土地が異常に値上がりしたことから、東京では家が買えなくなった。

③ **〜ことに、〜ことには** | 〜하게도 (감정의 이유를 나타낸다)

  - 悲しいことに、体重がまたもとに戻ってしまいました。

④ **〜ことだから** | 〜이니까 (〜하는 것은 예상할 수 있다 라는 의미)

  - 正直な彼の言うことだから本当だろう。

⑤ **〜ことなく** | 〜지 않고, 〜것 없이 (≒〜ないで)

  - 彼は失敗を繰り返してもあきらめることなく仕事を続け、大金持ちに
    なった。

5 ～ならない | ～하지 않을 수 없다, 매우 ～하다

- どうもそう思われてならない。
- 父親が死んだときは悲しくてならなかった。

관련표현 ① **なければならない/なくてはならない** | 꼭～해야 한다,
～여야 한다

- 学校には出席しなくてはならない。

② **～してはならない** | ～해서는 안된다 (≒すべきでない)

- 彼女にそれを知らせてはならない。

146

본문 내용 확인

1. 一般的に血液型の性格判断では、A型、B型、O型、AB型はどうなっていますか。

2. 筆者は血液型の性格判断を信じていない。どんな例をあげていますか。

3. A型が優秀であるとする優生学なるものが破綻した根拠はどんなことですか。

4. アウシュヴィッツの悲劇とはどんなことですか。

 문법·문형

1_ [副詞的] 四角の中からふさわしいものを選び自然な文になるようにしなさい。

| 単に | わりと | さすがに | ひそかに | とりわけ | むしろ | ちなみに | 切に |

a. 私は肉料理が好きですが、＿＿＿＿＿＿＿＿＿＿しゃぶしゃぶには目が
   ないんです。

b. 最近の消費者は＿＿＿＿＿＿＿＿＿安いだけでは品物を買わなくなった。

c. きのう見た映画、あまり期待してなかったけど、＿＿＿＿＿＿＿＿＿
   よくできた作品だった。

d. 世の中から戦争がなくなることを＿＿＿＿＿＿＿＿＿願う。

e. 悪いのは＿＿＿＿＿＿＿＿＿彼の方だと思う。

f. 血液型で性格がわかるって本当でしょうか。＿＿＿＿＿＿＿＿＿私は
   B型です。

g. 新人賞に応募するために、彼女は＿＿＿＿＿＿＿＿＿準備を進めていた。

h. 日本企業だけあって、＿＿＿＿＿＿＿＿＿精度が高い。

2_ [慣用句] 四角の中からふさわしいことばを選び適当に形を変えて(　　　)に
　　入れなさい。

| 目が回る | 目が高い | 目を疑う | 長い目で見る | 大目に見る | 目の仇にする | 目くじらを立てる |

a. そんなささいなことに(　　　　　　　　　　　)なんて、君らしくもないね。

b. 彼女は(　　　　　　　　　)から、いつまでも結婚できないでいるんだよ。

c. 部下がミスをしたが、はじめてなので上司は(　　　　　　　)ことにした。

d. 子供の可能性を伸ばすには(　　　　　　　)ことが大切である。

e. 着物の広告を見て、その値段の高さに(　　　　　　　)た。

f. このごろは(　　　　　　　　　)ほど忙しい。

g. イスラエルがなぜパレスチナを(　　　　　　　　　)のか、とうてい
　　理解ができない。

3_ [難度の高いことば] 四角の中からふさわしいことばを選び、必要なら形を
　　変えて(　　　)の中にいれなさい。

| 焼き直す | エセ | けげん | ボロが出る | 血なまぐさい | 千差万別 |
| こじつける | 几帳面 | 先天的 | そしり | 暁天の星 | 見極める | おびただしい |

a. 富士山の登山道には(　　　　　　　　　)量のゴミが山積みにされていた。

b. この詩の深い意味がわかる人は、(　　　　　　　)の如くに少ない。

c. A型は(　　　　　　　)とよく言われますが、本当にそうですか。

d. 人の好みはまさに(　　　　　　　)。

e. あんまり調子に乗ると、(　　　　　　　　)ちゃうよ。注意した
　　ほうがいいよ。

f. 人間の能力の中で(　　　　　　　　)なものはどういう部分だろうか。

g. 人はなぜ、(　　　　　　　)科学にだまされるのか。

h. この番組は、フランスの人気番組の(　　　　　　　　)じゃないのか。

i. 被告人の誘いに応じた被害者も、軽率の(　　　　　　　)を免れない。

j. 結婚する場合は、相手の人間性を(　　　　　　)てからにして
ください。

k. かなり広い和室に十数人が、いずれもみな(　　　　　　　)そうな
顔つきで集っていた。

l. そんな(　　　　　　　　)話はさておき、好みのタイプについて話し
あおうよ。

m. 競馬の予想は、科学的分析というより(　　　　　　　)の場合が
ほとんどだ。

4_ [こそ] **四角の中からふさわしいものを選び、自然な文にしなさい。**

ほど	つつ	ながら	やら	がち	こそ

a. 今日(　　　　　　　)国の親に電話しよう。

b. 女子学生のアイディアを取り入れた新製品は、おもしろい(　　　　　　)
よく売れた。

c. こういうとき(　　　　　　)、息を深く吸っておちついてやるべきだ。

d. 悪いことだと知り(　　　　　　)もやめられない。

e. あきらめないで最後までふんばること(　　　　　　)重要だ。

f. 今回は残念(　　　　　　)採用を見送らせていただきます。

g. 彼女は体が弱くて、いつも学校を休み(　　　　　　)だ。

h. 彼の部屋は飲みかけのペットボトル(　　　　　　)食べかけの菓子袋
(　　　　　　)でいつも汚れている。

企業（ a ）の面接が始まり、緊張する機会も多くなってきたと思います。

　でも、一番緊張しているのは誰かと言えばそれは間違いなく、相手の [A] です。面接には慣れているかもしれませんが、あなたと会うのは初めてです。環境も毎年違います。ましてプロとして給料をもらい、良い [B] を探すプレッシャーは大変なものです。

　だからこそ、面接前に少しでも面接官に自分を伝える工夫をしていると、面談の空気が変わります。それは「創意工夫」を意識してコミュニケーションを [C] ことが相手を思いやる大切な行動だからです。

　面接（ b ）は、上手に話すことではなく、相手に対しての姿勢や態度が本当にその人の人柄からにじみ出ているのか、うわべだけなのか、という部分をチェックしているのです。

　どうやったら自分のことが伝わるのか？みんな悩んでいますが、簡単なことです。相手は面談相手を知りたいのですから、具体的に話すよう努めること。そうすると、あなたへのより詳しい質問ができるようにもなります。

　面接の担当者は、将来一緒に仕事をする仲間になる可能性もあります。仕事では、互いの熱意や目的などのレベルが一致することが大事で、偉そうだったり、熱意が足りなかったりすると、コミュニケーションは生まれません。

　面接が怖くて不安だからとあきらめてしまったり、どうにかなると思うのではなく、緊張している面接官のためにやり尽くせるだけの準備をしましょう。それでこそ伝わる何かが出てくると思います。こんな気持ちで臨んで欲しいと思います。

단어 緊張(きんちょう) 긴장 | 環境(かんきょう) 환경 給料(きゅうりょう) 급료 | 工夫(くふう) 궁리, 고안 人柄(ひとがら) 인품

[1] (a)に入るふさわしいものは何か。

1. が　　　　2. と　　　　3. に　　　　4. を

[2] (b)には何が入るか。

1. が　　　　2. を　　　　3. に　　　　4. で

[3] [A]に入るふさわしいものは何か。

1. 面接官　　　2. 志願者　　　3. 企業　　　4. 大学

[4] [B]に入るふさわしいものは何か。

1. プロ　　　2. 機会　　　3. 人材　　　4. アマチュア

[5] [C]に入るふさわしいものは何か。

1. 測る　　　2. 出す　　　3. 描く　　　4. 図る

[6] 「臨んで」の発音はどれか。

1. りんで　　　2. のぞんで　　　3. りきんで　　　4. いむんで

새로운 표현

1 **～だけあって** | ～한 만큼, ～만큼의

접속 **명사 · 동사 사전형 · イ형용사 사전형 + だけあって**
ナ형용사 어간 + な + だけあって

- あのレストランは有名なだけあって、いつもお客さんでいっぱいだ。

관련표현 ① **～だけに** | ～때문에 한층 더, ～했던 만큼 더욱

- 知らなかっただけに驚きも大きい。
- 苦労しただけになおさら今回の結果はうれしいでしょうね。

② **～だけのことはある** | ～한 만큼의 보람(가치)이(가) 있다

- さすが専門家だけのことはある。
- おいしい魚だ。とれたてを送ってもらっただけのことはある。

2 **～らしくない** | ～답지 않다

접속 **명사 + らしくない**

- 学者らしくない態度。
- 君らしくない答えだね。

3 **～つくす** | 끝까지 ～하다

접속 **동사 ます형 + つくす**

- 私たちはパンを食べつくしてしまった。

4 ～かけ ┃ ～하다가 멎다, ～하다 만

접속 **동사 ます형 + かけ**

- 食べかけのバナナ。
- この本は読みかけですから、そのままにしておいてください。
- テーブルの上に書きかけの手紙がおいてある。

관련표현 ① ～かける ┃ ～하기 시작하다

- コーヒーを飲みかけたところに電話がかかってきた。
- その子はいきなり走りかけた。

② ～かける ┃ 막 ～하려 하게 되다, ～할 듯하게 되다

- 死にかけていた犬が見事に回復！

③ ～たて ┃ 막 ～한

- 入学したての頃、彼女と知り合った。
- 焼きたてのパンはおいしいですね。

연습문제 신출어휘

精度(せいど) 정밀도 | ささいだ 사소하다, 시시하다 | 目がない 판단력이 없다, 매우 좋아하다 | 広告(こうこく) 광고 | とうてい 도저히 | 好(この)み 취향 | だます 속이다 | 被告人(ひこくにん) 피고인 | 誘(さそ)い 꾐 | 軽率(けいそつ) 경솔 | 顔(かお)つき 생김새 | 競馬(けいば) 경마 | 落(お)ち着(つ)く 진정되다 | あきらめる 포기하다 | ふんばる 버티다 | 見送(みおく)る 미루다, 배웅하다 | まして 하물며 | 緊張(きんちょう) 긴장 | 環境(かんきょう) 환경 | プレッシャー (pressure) 압박 | 工夫(くふう) 궁리 | 創意(そうい) 창의 | 人柄(ひとがら) 인격, 품성 | にじみ出(で)る 스며나오다 | うわべ 겉, 표면 | 具体的(ぐたいてき) 구체적 | 努(つと)める 노력하다 | 大事(だいじ) 중요함 | 山積(やまづ)み 산적 (산처럼 높이 쌓임) | 調子(ちょうし)に乗(の)る 순조롭게 진행되다, 우쭐대다 | 臨(のぞ)む 임하다

10 - 12과

종합문제

(듣기와 쓰기)

종합문제  10과_創造性について

 듣기   Track 22

※ 문장을 듣고 괄호 안에 알맞은 말을 넣으세요.

1. 伝統を守ることも(　　　　　　)、現代のようなスピード時代においては、
だれもが、新しいものをつぎつぎと(　　　　　　)必要に迫られている。

2. とくに、(　　　　　　)出身のビジネスマンなどは、特別な技術も身に
つけずにビジネス社会で(　　　　　　)しようというのだから、創造性を
持つことは絶対(　　　　　　)の義務である。

3. しかしある会社では、課長が出てくると係長が黙ってしまい、部長が出て
くると課長以下が、借りてきた(　　　　　　)のようにおとなしくなって
しまう。こんな会社では、(　　　　　　　　)社員の創造的な力が十分
(　　　　　　)されるはずがなく、将来性も少ないと診断せざるをえない。

📖 쓰기

1. 「〜さることながら」を使って例文を書きなさい。

2. 「〜わりに」を使って例文を書きなさい。

3. 「〜にかかわらず」を使って例文を書きなさい。

4. 「〜はず」を使って例文を書きなさい。

5. 10課の内容を短くまとめてみよう。

 듣기　　　 Track 23

※ 문장을 듣고 괄호 안에 알맞은 말을 넣으세요.

1. 人間は(　　　　　)で狩りをしていましたから、危なくて長く眠れない
グループに入ります。一方で、脳が非常に(　　　　　)してしまった
ために、体を休める「レム睡眠」と脳の(　　　　　)を再調整する
「ノンレム睡眠」を組み合わせた睡眠が必要になった。

2. 僕の(　　　　　)では、年を取ると２サイクルでいい。毎日２時間で
(　　　　　)な人は、１サイクルで(　　　　　)な睡眠が成立するの
でしょう。昔は明るい時間に活動して、暗くなったら休む生活だった。
電気も何もありませんでしたからね。その一部分で寝ていたんです。
(　　　　　)していることがイコール睡眠ではなく、９０分のサイクルを
３、４回繰り返すことが睡眠。最初に良い睡眠が取れるかどうかが大事で、
１回目、２回目のサイクルが(　　　　　)です。

 쓰기

1. 「平気」を使って例文を書きなさい。

2. 「～たばかり」を使って例文を書きなさい。

3. 「～んじゃないか」を使って例文を書きなさい。

4. 「～かどうか」を使って例文を書きなさい。

5. 11課の内容を短くまとめてみよう。

 듣기 Track 24

※ 문장을 듣고 괄호 안에 알맞은 말을 넣으세요.

1. そのほとんどが、人間の性格は(　　　　　　)で決まるということを
   (　　　　　)としたもので、これに(　　　　　)をさしはさむページは
   (　　　　　)のごとくに少ない。

2. 血液型の(　　　　)には(　　　　)な(　　　　)がある。私と同じ
   B型はヨーロッパ人には少ないようだが、ヨーロッパ人にはマイペース
   な人は少ないのだろうか？ むしろ(　　　　　)のような気がする。

3. 性格とは(　　　　)と(　　　　)の絡み合いで形成されるものであり、
   その絡み方は人それぞれである。だから、一人一人を(　　　　　)なく
   見極めることこそ大事なことであり、たかが血液型で判断しようなどと
   いうのは、(　　　　　)のそしりを免れない。

 쓰기

1. 「～らしい」を使って例文を書きなさい。

2. 「～てならない」を使って例文を書きなさい。

3. 「～ないとはいえない」を使って例文を書きなさい。

4. 「～にちがいない」を使って例文を書きなさい。

5. 12課の内容を短くまとめてみよう。

부록편

1과_하라주쿠 역

수학여행 등으로 방문한 사람 중에는 작은 그 규모에 놀란 사람도 많은 것은 아닌지? 흰벽에 뾰족한 지붕. 유럽의 작은 교회 같은 사랑스러운 건물이 일본 굴지의 '멋쟁이 타운'의 현관문, 하라주쿠역이다.

다이쇼 10(1921)년에 건설된 현재의 역사는 당시 유행한 유럽풍 하프팀버(half-timbar) 양식. 전쟁 재해로부터도 벗어나, 도내에서 가장 오래된 목조 역사이기도 하다. 건설 당시는 현재의 이용자를 예상하지 못했기 때문에, 개찰구로 향하는 통로는 좁고, 전차 발착 시의 혼잡은 만성적이 되었다. "원래 이용자가 적은 역이었기 때문에 내가 어렸을 때는 오모테산도에도 차량 통행이 없어, 야구를 하며 놀았습니다. 지금은 상상도 할 수 없을 것입니다." 라고 말하는 사람은 오모테산도 상점가 진흥조합 '하라주쿠 오모테산도 게야키회'의 마쓰이세이치 이사장(56)이다.

하라주쿠역 주변은 전쟁 후, 현재의 요요기 공원 자리에 주둔한 미군 숙소 '워싱턴 하이츠'가 건설됨으로써, 크게 변하기 시작했다. 오모테산도에는 미군 병사를 위한 가게가 즐비해 '일본에서 미국을 느낄 수 있는 거리'로서 유행의 최첨단을 걷는 현재 거리의 성격이 만들어졌다.

그 후에도 '다케노코족:보행자 천국의 날, 온갖 치장을 하고 야외용 전축이나 악기를 가지고 와서 연주를 하거나 음악을 트는 젊은이들'이나 '탤런트 숍:인기 탤런트가 운영하는 숍' 등 유행의 출발점으로서, 많은 젊은이를 사로잡았다. 대체로 트렌드만이 주목받기 십상이지만, 마쓰이 이사장은 "지금의 하라주쿠는, 메이지 신궁의 존재 없이는 말할 수 없다"라고 말한다.

예를 들어 오모테산도, 메이지 신궁 건설에 맞추어 만들어진 참배길로, 양끝에서 중앙으로 향해 완만한 내리막길로 되어 있다. 이것은 자연적인 지형이 아니라, 인공적으로 지면을 깎아 만들어졌다는 것이 옛 자료에도 남아 있다.

"왜 지면을 깎았는지는 확실하지 않지만, 중앙이 낮아짐으로써, 참배길의 어디에 서 있어도 약 1킬로의 전경을 볼 수 있다. 참배길의 방향도, 새해의 일출이 연장선상에 떠오르게 되어 있다. 상당히 계산된 길. 걷고 있는 것만으로도 기분이 좋을 것입니다. 이 환경을 우리들이 파괴하지 않는 한, 사람이 모이는 것은 필연적입니다." (마쓰이 이사장)

경관 유지를 위해 오모테산도의 양쪽은 30m의 높이 제한을 두어, 옥상 광고를 금지. 거리의 정체성은 메이지 신궁에 있다 하여 8년 전에는 샹제리제회였던 상점회의 명칭도 바꿨다. 역사를 사이에 두고, 일본의 전통과 유행의 첨단이 공존하는 거리. 그런 만큼 하라주쿠역에 대한 현지의 관심은 높다. 현지 마을회나 상점회 등으로 구성된 '하라주쿠 신궁 앞 마을 만들기 협의회'는 10년 정도 전부터 JR에 대해 '이 곳에 역 빌딩은 필요 없다. 현재의 역사 분위기를 남겨두길 원한다'라고 계속 요청하고 있다고 한다. 나카무라카즈히로 역장(51)도 "초목이 많고, 역사도 있는 역으로, 나 자신도 애착이 있다. 비좁아서 사용하기 어려운 면은 있지만, 그 만큼 직원의 접객 서비스로 커버해 나가고 싶다"라고 말한다. 연초에는 메이지 신궁에 첫 참배객들로 역의 이용자는 피크가 되어, 평상시에는 사용하지 않는 메이지 신궁 쪽의 임시 홈도 개방한다. 내년 첫 일출도 느티나무 가로수를 빨갛게 비추고, 쭉 뻗어있는 오모테산도의 모습을 성스럽게 부각시킬 것이다.

2과_신체를 움직이는 즐거움

신체를 움직이는 것이 즐겁다. 당연한 일이라고 비웃을 지 모르지만, 30세를 넘겼을 무렵부터 그것이 지금까지와는 다른 의미로 자각할 수 있게 되었다. 신체를 움직이는 것의 기쁨을 느끼고 나서, 한가한 주말은 산에 오르거나, 하천 부지를 조깅하거나, 평일의 건강 부족을 보충하고 남을 정도로 건강하게 보내고 있다.

중 · 고등학교 시절에는 운동부에 소속해 있었지만, 그 정도로 운동을 잘하지는 못하였다. 그래서 대학에 들어감과 동시에 운동하고는 멀어져 버렸다. 스포츠에는 기록이나 승패를 겨루는 경기로서의 측면과 편안함이나 즐거움을 느끼는 것을 목적으로 하는 레저로서의 측면이 있다. 학교의 동아리 활동이나 체육 수업으로 실시하는 스포츠는 어디까지나 경기이며, 어떻게 신체를 움직이면 기분이 좋게 될 수 있을까라는 것은 배울 수 없다. 거기에서는 신체를 이완시키는 것보다 긴장시키는 것이 강요되고 있다. 그러므로, 운동 능력이 뛰어나지 않은 사람은 자신은 스포츠에 적합하지 않다고 생각하지 않을 수 없다. 자신의 리듬이나 페이스에 맞추어 신체를 움직이면, 누구라도 편안함을 느낄 수 있다고 생각하는데 말이다.

10대 무렵의 내가 스포츠를 할 때로 말하자면, 그다지 아무것도 생각하지 않고 단지 마구 신체를 움직였다. 그 당시와 지금을 비교하면, 체력면에서의 쇠약함은 분명할 것이다. 그러나 그에 반해, 나의 의식이 신체의 안쪽으로 향하게 된 것을 느낀다. 운동을 계속하고 있으면, 지금까지는 자각하지 못 했던 자신의 신체 버릇이나 바르지 못함, 어느 근육을 움직이지 않고 있는 지 등도 눈치채게 되었다. 그리고 그것을 의식하려면 시간은 걸리지만, 조금씩 후들후들 떨리기만 했던 근육이

생각대로 움직이기 시작한다. 지금까지 잠자고 있던 신체의 기능이 조금씩 깨어나고 있는 것이라고 생각한다. 자신의 신체이면서도 어딘지 위화감이 있던 부분이 자신의 신체의 일부가 되어 가는 듯한 느낌이 있다. 이것이 지금의 나에게 신체를 움직이는 것의 즐거움이 되었다.

새해가 되자마자 지금까지 관계가 없던 스키에 도전할 기회도 생겼다. 이 수필을 쓰고 있는 지금도 근육의 깊숙한 곳이 쑤신다. 단순한 근육통일 것이지만, 이 아픔의 끝에 기다리고 있을 새로운 신체 감각을 생각하면 조금은 두근두근하다.

3과_고릴라의 겉마음과 속마음

요즘의 젊은이들은 자기 주장이 서투르다고 한다. 확실히 자신의 생각을 타인에게 이해시키기란 어렵다. 주장이 너무 약하면 상대방이 모르고, 너무 강하면 외면받게 된다.

고릴라는 양손으로 가슴을 두드려서 자기 주장을 한다. 이것을 드러밍이라고 한다. 체중 200kg이 넘는 수컷 고릴라가 두 다리로 서서 가슴을 두드리면, 주위를 압도하는 박력이 있다. 그러나 이런 행동이 사람들의 오해를 샀다. 아프리카 오지에서 처음으로 고릴라를 만난 서양의 탐험가들은 드러밍을 고릴라의 난폭한 싸움의 선언으로 간주했던 것이다.

덕분에 고릴라는 100년 이상 동안, 호전적인 맹수로 취급되어 동물원의 견고한 우리에 갇히는 신세가 되었다. 드러밍은 사실 겉으로 보여주기 위한 행동으로, 수컷끼리 싸우지 않고 서로 헤어지기 위한 일종의 의식과 같은 행위라고 알게 된 것은 20세기 후반이 되고 나서의 일이다.

인간 이외의 동물의 행동이나 심리를 잘 몰랐던

19세기 사람들은, 설마 고릴라가 겉과 속을 구분하여 이해하리라고는 생각지도 못했음이 틀림없다. 드러밍은 싸울 태세를 상대에게 보여주면서도 대등하고 평화롭게 서로 헤어지는 것을 제안한 것이었다.

인간은 곧잘 이런 언뜻 보기에 과장된 행동을 한다. 아버지가 밥상을 뒤집어 엎는 것도, 주위가 그 의미와 효과를 이해하고 있어야 비로소 통용되는 행위였다. 그러나 요즘 사람들의 인간관계를 보고 있노라면 겉과 속을 구분하여 나타내는 법을 잃어버린 듯한 느낌이 든다. 행위의 명시적인 의미만이 전달되어, 그 옳고 그름만이 화제에 오른다. 행위 속에 숨겨져 있는 메시지를 읽어 내는 것은 인간 사회에 중요한 약속이었다. 이전에 고릴라를 오해한 것처럼 우리들은 가까운 주변사람들의 행위를 오해하기 시작했는지도 모른다.

4과_논과 밭

쌀, 보리, 야채 등을 기르는 땅을 경지라고 한다. 경지에는 '논'과 '밭'이 있다. '논'은 물을 넣는 경지로 일본의 쌀은 주로 '논'에서 재배된다. '밭'은 물을 넣지 않는 경지이고, 보리나 야채가 재배된다. 논은 일본의 한자로 '田(전-밭 전)'이라고 쓰고, 밭은 '畑(전-화전 전)' 또는 '畠(밭 전)'이라고 쓴다. 전자는 중국으로부터 전해진 한자이다. 후자는 둘 다 일본에서 만들어진 한자, 즉 국자(國子)로 중국으로부터 전해진 한자가 아니다. 중국어에는 '畑'도 '畠'도 존재하지 않는다. 중국에서는 밭을 나타내기 위해 '田'이라는 한자를 사용한다. 즉 중국어의 '田'은 물을 넣는 경지와 물을 넣지 않는 경지 두 개의 의미를 가지고 있는 셈이다. 그럼에도 불구하고,

'田'이 일본에서는 물을 넣은 경지만을 의미하게 된 것은 어떤 사정에 의한 것일까?

여기에서 비교하고 싶은 것이 일본과 마찬가지로 중국으로부터 한자를 도입한 한반도의 사정이다. 한반도에서는 '田'이 물을 넣지 않는 경지를 의미하는 글자이다. 반면 물을 넣는 경지를 의미하는 글자는 '畓(답-논 답)'이라는 글자이다. 이것은 '답'이라고 읽으며 한반도에서 만들어진 글자이다. 즉 일본에서는 중국의 '田'이라는 한자로부터 물을 넣는 경지라는 의미만을 받아들이고 물을 넣지 않는 경지를 나타내기 위해 '畑' 및 '畠'이라는 글자를 만들었다. 그에 반해 한반도에서는, '田'으로부터 물을 넣지 않는 경지의 의미만 취하고 물을 넣는 경지를 나타내기 위해 '畓'이라는 글자를 만든 것이다.

일본과 한반도는 같은 고대 중국문명의 영향을 받았으면서도 '논'과 '밭'을 의미하는 한자에 관해서는 왜 이런 차이가 생긴 것일까. 간단하게 설명할 수는 없지만, 한반도는 예로부터 밭농사를 중심으로 하는 화북지역 문명의 영향을 받았기 때문에 '田=물을 넣지 않는 경지'라는 의미가 된 것은 아닐까? 그에 비해 일본은 수전농업을 중심으로 하는 화남, 화중지방 문명의 영향을 강하게 받았기 때문에 '田=물을 넣는 경지'라는 의미가 된 것이 아닐까?

5과_일본인의 1년

제대로 된 휴가를 좀처럼 얻을 수 없는 많은 일본인에게 있어서 대부분의 직장이 휴업을 하는 설날은 1년 중에서 가장 한가롭게 지내는 기간이다. 평소에 신세지고 있는 지인이나 업무상의 고객에게 새해 인사를 하러 다니는 등 완전히 업무에서

배제될 수는 없지만, 그래도 고타쓰에 둘러앉아 도소주를 마시면서 설날 텔레비전 프로그램을 보거나, 평소에 자주 놀아 주지 못한 아이들과 대화를 하며 지낼 수 있다.

1월 4일이나 5일 정도부터 일이 시작되지만, 2월 초까지는 친분을 중요하게 생각하는 일본사회의 관례로 직장동료나 지인과의 신년회에 쫓겨다니다 보면 설날 기분이 좀처럼 사라지지 않는다. 이 기간이 지나면 이번에는 4월까지 불안정한 계절이 계속 이어진다. 그도 그럴 것이 직장이나 학교 등에서 신년도가 시작되는 것이 4월이어서 자신이 속한 직장에서의 인사이동이 어떻게 될 것인지, 전근은 없는지, 아이가 있는 경우는 아이들의 진학, 입학, 취업은 괜찮은지 등 이래저래 걱정거리가 많아진다.

그럭저럭 새로운 생활 리듬에 적응하는 것이 5월경. 한숨을 돌릴 무렵, 6월 중순을 지나서부터 7월에 걸쳐 여름 보너스가 지급된다. 주택자금의 대부금을 상환하거나 저축을 하고 남은 돈으로 자신이 갖고 싶었던 골프채 등을 사고, 아내나 아이들에게도 무언가 사주는 것이 요즘 샐러리맨에게는 자그마한 즐거움이다.

7월 하순부터 약 한달 간 아이들은 여름방학에 들어간다. 아버지도 그 사이에 1주일 정도 여름휴가를 얻는 것이 보통. 평소 일에 묻혀 사는 아버지로서는 집에서 느긋하게 쉬고 싶지만, 여행이나 드라이브 등 가족에 대한 봉사로 보통 때보다 더 피곤하거나 반대로 아내나 아이들만 친정이나 여행을 보내고 아버지는 '임시 홀아비'로 십을 시키는 경우가 많다. 여름휴가라고는 하지만 느긋하게 쉴 수 없는 것이 괴로울 뿐이다.

기후가 온화한 가을은 행락철. 직장의 운동회 등에 가족 모두 참가해 몸을 움직이거나 단풍을 찾아 드라이브나 하이킹을 가는 가정이 많다.

12월에 들어서면 남편은 연말 연휴에 들어가는 27일이나 28일 정도까지 업무마감에 쫓기고, 아내는 대청소나 설날 준비로 분주하게 보낸다. 12월 31일, 섣달그믐에는 온 가족이 모여 한 해를 넘기며 먹는 메밀국수를 먹으면서 NHK에서 항상 이날 방송하는 가요 프로그램 「홍백가합전」 등을 보며 새해를 맞이한다.

6과_차 이야기

차가 중국으로부터 유럽에 전해진 것은 17세기 초 바다를 통해 이동된 것이 최초라고 한다. 그러나 실제로는 그 이전부터 전해진 것은 아닐까? 먼저 추측할 수 있는 것은, 예전부터 동서교통로를 통해 이동된 것이 아닐까 하는 것이다. 즉 16세기가 되어서 아프리카를 우회하는 해로가 열리기까지는 중국과 유럽은 이른바 실크로드로 연결되어 있어서 교역이 이루어지고 있었다. 따라서, 차가 상당히 일찍부터 유럽에 알려졌다고 생각해도 이상할 게 없다. 그러나 지금까지 차가 실크로드를 통해 유럽에 전해졌다는 기록은 없다.

차가 일찍부터 전해졌다는 사실은 차를 일컫는 명칭의 분포로부터 추측할 수 있다. 표에 나타나 있듯이 세계 각국이 차를 일컫는 명칭은 중국 광동어의 'cha계' 와 복건어의 'te계' 의 두 그룹으로 나눌 수 있다.

표 〈차 명칭의 분포〉

광동어계Cha	일본cha/몽골chai/러시아chai/티베트ja/터키Chay/폴란드tsai/그리스tsai/포르투갈cha
복건어계Te	인도네시아te/네덜란드thee/영국tea/프랑스the/북유럽te/이탈리아te/스페인te

'cha계'에 속하는 것은 일본어, 몽골어, 러시아어 등이 있다. 한편 'te계'에 속하는 것은 네덜란드어, 스페인어, 영어 등이 있다. 차 연구자인 하시모토 미노루 씨는 이들 명칭은 육로에 의해 전해진 것과 해로에 의해 전해진 것으로 크게 나누어진다고 한다. 즉 'cha계'의 명칭은 육로에 의해 그리고 'te계'의 명칭은 해로에 의해 유럽으로 들어간 것이다.

차의 명칭이 전해진 방법은 차가 전해진 방법과 관계가 있음이 틀림없다. 따라서 차가 유럽에 전해진 경로에도 해로와 육로, 두 가지가 있다고 생각해도 좋다. 그렇다면 육로에 의한 것 중 하나는 몽골, 러시아, 폴란드로 또 하나는 인도, 중근동, 터키를 거쳐 그리스로 들어가는 경로가 있지 않았을까라고 추측할 수 있다. 단, 서구 중에서 포르투갈만이 예외적으로 육로계의 명칭을 쓰고 있다. 이것은 당시 포르투갈이 광동의 마카오를 식민 통치하고 있어, 직접 차를 수입하고 있었기 때문이다.

이처럼 차는 일찍부터 이들 육로에 의해 유럽에 전해진 것이 아닌가 하고 추측된다. 그러나 이에 대한 증거가 될 만한 기록이 아직까지 없기 때문에 어디까지나 추측에 불과해, 앞으로의 역사적, 언어학적 연구에 기대할 수밖에 없다.

7과_일본어의 특징

동일성이 강한 촌락 집단은 서로 의사소통을 도모하는 것이 비교적 용이하며, 그들의 화합을 깨뜨릴 강도의 자기주장의 필요성은 희박하다. 일본에서는 명확한 단언은 기피하고 완곡하게 표현하는 것이 선호되어 왔다. 일본어가 가지는 언어 구조도 그런 기반 위에서 확립되었다. 언어란 문화와 떼려야 뗄 수 없이 밀접하게 존재하고 있는 것이다.

일본어 문법은 주어를 말하지 않아도 알 수 있도록 이루어져 있다. 예를 들어, '좋아합니다'라는 말에는 '나(I)'도 '너(YOU)'도 존재하지 않는다. 주어도 목적어도 없고, 있는 것은 술어인 형용동사뿐이다. '주어-동사-목적어'라는 문형을 기본으로 한 언어를 모어로 사용하는 사람들 입장에서 본다면, 술어만으로 의미가 통하는 일본어는 특이한 언어로 비춰진다. 거꾸로 일본인 입장에서 본다면 주어를 일부러 명확하게 하지 않아도 '누가 누구를 좋아하는지는 상황이나 이야기의 흐름으로 알 수 있는 것'이 된다.

앞에서 서술한 예뿐만 아니라, 일반적으로 일본어는 주어가 없어도 통하도록 되어 있다. 그럼에도 일부러 주어를 붙이는 것은, '자기 주장이 너무 강하게 되는 것은 아닌지', '상대에게 싫은 느낌을 주는 것은 아닌지'라는 염려를 낳게 한다. 이런 정서는 구미 사람들에게는 좀처럼 이해되기 어렵다. 그들의 입장에서 본다면, 주어와 주체를 명확하게 말하는 것은 보다 논리적으로 말하기 위해 필요한 것이고, 상대방의 이해를 보다 용이하게 하는 데에 도움이 확실히 되기 때문이다. 일부러 상대방의 이해도를 떨어뜨리는 듯한 '모호한' 말투를 사용하는 장점은 도무지 이해할 수 없다.

게다가 일본어는 한 개의 단어가 다양한 의미나 확장성을 갖고 있어, 언어 표현의 깊이가 깊다. 'けっこうです' 등과 같이 긍정에도 부정에도 사용되는 독특한 말의 표현은 전 세계에서도 드문 표현이다.

물론 영어 등의 다른 언어에서도 완곡한 표현이 존재하지만, 그래도 일본어에 비하면 상대적으로 적다고 할 수 있다. 서양의 언어가 보다 직접적이고 자기 표현도 명확해, 나쁘게 말하면 '노골적' 이라고 부를 만하다.

이런 감각이나 태도의 차이는 일본인이 다른 나라에서 자주 오해를 사는 원인이 된다. 해외에서 유학중인 일본 학생이 교실에서의 토론에 적극적으로 참가하지 않고, 입을 꾹 다문 채 그저 싱글벙글 웃고 있는 장면은 결코 드물지 않다는 말을 듣는다. 또 열심히 이야기 해 보지만, 결론을 단정짓는 데 서툴러서 '그래서 결국 이 사람은 무엇을 말하고 싶은 것일까?' 라고 고개를 갸우뚱거리는 일도 많다.

이러한 원인에는 일본인이 영어에 자신감이 없는 것도 관련이 있지만, 그것을 감안하더라도 서양의 기준에서 본 일본인의 '자기 주장이 약함' 은 일종의 국민적 특징이라고 말할 수 있지 않을까? 토론이나 대립을 좋아하지 않아 '어떻게든 원만하게' 그리고 '그 상황을 별 탈 없이 잘 수습하려고' 하는 것이 일본인의 특성이다. 그것이 서양인들에게는 그저 기이하게 여겨지는 것이다.

8과_운이라는 것

사람에게는 운이라는 것이 있다.

젊었을 때, 운이라는 것은 우연의 산물로 운의 유무로 인생이 좌우된다는 생각은 어리석다고 배웠다.

하지만 70여 년을 넘게 살아보니 노력만으로는 이룰 수 없는 무언가가 있다. 그것이 우연이 계속 쌓여 성패가 결정된 것에 지나지 않는다고 생각하니 인생 그 자체가 너무 허무하게 느껴진다.

전쟁터에서 아까운 사람들이 많이 죽었다.

언젠가 문화훈장을 받은 작가의 대담에서 읽었다. A 씨가 말한다.

"전쟁터에서 우리의 동료들이 죽지 않고 활약했다면 지금의 우리들은 없었겠지?"

E 씨가 대답했다.

"맞아. 우리들은 아직까지도 동인지에서 괴로워하며 뒹굴고 있었음에 틀림없어."

그야말로 딱 맞는 표현이다.

전쟁이 끝나고 나는 영화계에 몸을 담았는데 회사가 잇달아 망하는 와중에 놀랍게도 살아남아 고령의 나이에 소설을 쓰기 시작해 지금도 그럭저럭 일을 계속하고 있다. 평생 현역이라고 말하지만, 나이가 들어서 일하는 괴로움이란 말과 글로 표현하기 힘들다. 하지만 되돌아보면 인생행로에는 글 재주가 훨씬 뛰어났으면서도 운이 따르지 않아 좌절한 사람들이 헤아릴 수 없이 많았다. 이것은 운이라고밖에 할 수가 없다.

'이 세상은 운에 달려있으므로 노력은 필요 없다' 라고 생각하는 것은 경솔한 판단이다. 운을 잡는 것은 실력이다. 실력은 끊임없이 노력하여 몸에 배게 하는 수밖에 없다. 모처럼 운이 찾아왔을 때, 노력을 소홀히해 실력이 수반되지 않아 운을 잡지 못한 사례를 수도 없이 봐 왔다.

노력을 계속해 실력을 쌓는다. 거기에 보답이 있을까 없을까가 운이라는 것이다.

비근한 예가 프랑스에서 열린 월드컵이다. 평소에 간단히 넣을 수 있는 슛이 들어가지 않는다. 90분, 5400초 동안의 2, 3초 사이에 상대편은 골을 넣는다. 일본 대표팀에게도 아쉬운 기회가 여러 번 있었다. 그런데 모두 빗나갔다. 실력에 상응한다고 보는 이도 있지만, 실력 이상으로 운이 없는 것이 눈에 띄었다.

운을 기다리는 것은 고통스럽다. 언제 찾아올지 그리고 어느 정도, 어떤 형태의 운일지 모른다. 더 나쁜 것은, 있을지 아니면 벌써 운이 다해서 없는 지조차 알 수가 없다. 그것을 부단한 노력을 계속하면서 기다린다.

운은 앞머리가 나 있고 뒷머리는 대머리라고 한다. 만난 순간에 잡는다. 뒤에서 따라가도 미끄러워서 잡을 수 없다. 그러므로, 부단한 노력으로 만나는 순간 잡지 않으면 안 된다. 인생은 그런 것이다. 축구라고 하는 경기의 재미는 그것이 형태를 이루어 나타나고 있다는 점이다.

마지막 한 가지 더. 사람의 일생에서 운과 용기는 정해진 양밖에 없다. 사용하면 줄어든다는 것이다. 그래서 운이나 용기를 시험하는 것은 그만두는 편이 좋다. 평생 노력을 거듭하여 커다란 운과의 만남을 기다려야 한다. 도박 따위로 귀중한 운을 소모하는 것은 어리석은 짓이다.

9과_교제의 윤활유는 웃는 얼굴

【귀국할 때 느끼는 일본인의 굳은 표정】

새해 복 많이 받으세요!

이 칼럼을 읽으시는 분들 가운데는 이미 외국 생활을 시작해 새해를 외국에서 맞이한 분도 계시지 않습니까? 그 나라의 새해 풍경은 어땠습니까? 외국의 새해는 일본과는 상당히 다릅니다. 미국의 대도시 광장에서는 섣달그믐에 새해를 맞이하는 카운트다운을 하거나, 오전 0시를 기해서 불꽃을 쏘아 올리며 큰 소동을 피우는 곳도 있습니다.

그에 비해 일본인은 섣달그믐에는 제야의 종소리를 들으며 과거를 반성하고, 설날에는 마을신에게 한 해의 번영을 기원하는 등 가정적이면서 내면에 충실한 축하를 하기 때문에 전반적으로 조용합니다.

그건 그렇고, 지난번에는 이웃과의 교제의 시작에 대해서 썼습니다만, 외국에 있을 때 일상 생활에서 특히 유의해야 할 사항을 덧붙이겠습니다.

그것은 바로 얼굴 표정입니다(아름답거나 추한 것과는 다릅니다). 외국에서 5, 6년 근무하고 귀국했을 때, 거리에서 만난 사람들의 표정이 상당히 마음에 걸렸습니다. 입은 'ㅅ자 모양'으로 꾹 다물고 거친 눈매에 마치 무언가 불만인 듯이 입을 뾰족 내밀고 있는 사람이 굉장히 많았습니다.

길 한가운데에서 누군가로부터 불평을 듣거나 혹은 누가 시비를 걸지도 않았는데 말입니다. 전차 안에서 여성이 날카로운 눈매로 쳐다보기라도 하면 치한도 아닌데 뭔가 나쁜 짓을 한 건 아닌가 하는 불안감에 사로잡힙니다. 외국에서는 상당히 이상한 상태에 빠지지 않는 한 사람을 노려 보거나 하는 일은 없습니다.

홍콩의 공항에 있었을 때 화살표를 따라 바로 앞의 화장실에 들어가려고 했더니, 그곳은 여성용이어서 무슨 소리를 들어도 어쩔 수 없는 상태였습니다만, 마침 그곳에 같이 있었던 중년 여성이 웃으면서 여성용 표시를 가리키면서 잘못을 알려준 적이 있습니다. 보통 붙임성이 있는 사람은 주위 사람들에게 좋은 인상을 줍니다.

【좋은 인상을 주는 표정을 의식한다】

알래스카에 있을 때의 일입니다. 사무실 엘리베이터에서 우연히 같이 탄 낯선 여성으로부터 "나는 당뇨병이어서 지금 운동하러 밖에 나간다"라는 말에 "힘드시겠어요"라고 걱정의 말을 건넨 적이 있었는데, 그 후로 그녀와 인사를 주고 받는 사이가 되었습니다.

이와 같이 일일이 병을 앓고 있는 것을 알릴 필요야 없겠지만, 이민족 속으로 들어가 그곳에서 평온한 생활을 계속하기 위해서는 주위의 사람들에게 자신이 해를 입힐 생각이 없으며 그들과 마찬가지로 건전한 사람이라는 사실을 알게 하지 않으면 안 됩니다. 낯선 사람을 만나면 적의가 없음을 먼저 보여주는 것이 무엇보다 중요합니다. '웃는 얼굴'은 그것을 나타내는 중요한 신체언어(Body Language)인 것입니다.

오늘날 태국은 '미소의 나라'라고 자칭하며 서비스업에 있어서 상냥하게 웃는 얼굴을 자랑거리로 내세우고 있는데, 예전에 일본인의 미소 역시 세계를 매료시켰습니다. '신비의 미소'라고도 불리며 일본에 온 외국인에게 치안이 좋다는 사실과 함께 극찬을 받곤 했습니다. 그랬던 것이 언제부터인가 애매한 웃음이라는 소리를 듣게 되었고 점차 미소를 삼가게 되어 버렸습니다.

하지만 이 세상에는 아직도 미소만한 것은 없습니다. 사람들의 왕래가 많은 길거리에서 스쳐 지날 때 몸을 비스듬히 숙이고 미소짓거나(좁은 곳에서 서로 고생입니다), 엘리베이터 안에서 우연히 함께 탄 사람에게 웃는 얼굴을 건네는 것(오늘도 건강하시죠?)은 사람과의 관계에 있어 인간성을 나타내는 것은 아닐까요? 웃는 얼굴을 타인에게 건네지 않는 사람과는 사귀고 싶지 않은 법입니다.

하루 종일 날카로운 눈매를 하고 공격적으로 지낸다면 기분상으로도 피곤하겠지요. 그 주변 사람들도 틀림없이 마찬가지일 것입니다.

10과_창조성에 대해서

요즘 아이디어 전쟁이라든지 창조성 개발이라는 말이 자주 사용된다.

전통을 지키는 일은 물론이거니와, 현대와 같은 스피드 시대에 있어서는, 누구라도 새로운 것을 잇달아 만들어야 할 필요에 몰리고 있다. 특히, 문과 출신의 영업사원들은 특별한 기술도 익히지 않은 채로 비즈니스 사회에서 승부를 걸려고 하고

있으므로, 창조성을 갖는 것은 반드시 필요한 의무이다. 학력에만 집착하여 배우고 익힌 지식만으로 살아가려고 하는 사람은 곧바로 체로 걸러지듯 걸러진다. 당신이 만약 이 가혹한 생존경쟁의 정면에 서 있으면서, 게다가 재능 개발에 많은 관심을 쏟으면서도, 대책은 세우지 않은 채 현실에 안주하려 하고 있다면, 당신에게 있어 이 보다 더 위험한 일은 없다.

그런데 내가 보는 한, 영업사원이나 일반 사람들이 창조성 개발을 위해서 쏟는 노력은 그것에 대한 관심이나 필요도에 비해, 매우 변변찮은 것이라고 생각된다.

그도 그럴 것이 오늘날까지 창조성이란 본래 가지고 태어난 천성이어서 노력과 훈련에 의해 개발하고 촉진하여 얻을 수 있는 것이 아니라고 여겨왔기 때문이다.

확실히 일본은 지금까지 가정에서든 학교에서든 또 직장에서든 진정한 창조성 개발을 방해하는 요인이 너무 많았다. 특히, 직장에서는 젊은 사원의 발랄한 아이디어에 대해서 항상 '젊은 혈기의 소치'란 비판이 늘 앞섰던 경우가 많았다.

브레인스토밍(Brainstoming)이라는 아이디어 개발법이 있다. 이것은 몇 명의 그룹이 절대로 다른 사람을 비판하지 않고 현실적 가능성의 유무에 관계없이 자유분방한 생각을 서로 발표하는 것이다. 지금까지는 이런 매우 중요한 조건조차 간과되고 있었던 것이다.

지금으로부터 몇 년 전의 일이다. 나는 어느 주식잡지의 부탁으로 상장회사의 사상과 종업원들을 만나, 인간 관계 등 심리적인 측면에서 그 회사의 장래성을 진단한 적이 있다.

이 때 내가 주목한 것은 윗사람과 아랫사람과의 심리적 압력관계였다. 위로부터 압력을 받고 있는 직장에서는 새로운 것이 태어날 가능성이 적다.

따라서 장래성도 낮다고 생각한 것이다.

예를 들어 어느 회사에서는 상사가 그곳에 가더라도 밑의 사원들이 편안하게 신경 쓰지 않고 이야기를 나누고 있었다. 이것은 바람직한 회사의 분위기이다. 그러나 어느 회사에서는 과장이 나오면 계장이 입을 다물어 버리고 부장이 나오면 과장 이하는 꾸어다 놓은 보릿자루처럼 조용해진다. 이런 회사에서는 젊은 사원의 창조적인 힘이 충분히 발휘될 리가 없어, 장래성도 낮다고 진단하지 않을 수 없다.

이처럼 독창적인 아이디어를 만들어내려면 회사 전체가 일치단결하여, 자유분방한 사고방식을 키워나가려는 노력이 필요하다. 종래의 일본에서는 이 점에 대한 배려가 매우 부족했던 것이 아닐까?

인간을 거푸집에 끼워넣고 상식, 습관, 전통, 기억된 지식 등이 활개치는 사회에서 창조성이 개발되기 어렵다는 사실을 우리들은 한 번 더 반성해야만 하지 않을까.

11과_오래 자고 오래 깨어 있는 것은 인간뿐

– 계속해서 깨어 있는 것은 인간뿐인가요?

인간처럼 16시간이나 각성상태를 계속할 수 있는 동물은 없습니다. 동물은 단시간 자고 일어나는 것을 되풀이하는 분할(split)된 수면을 취하는데, 고릴라나 침팬지 등 인간과 비교적 가까운 유인원도 그렇습니다. 쥐는 낮 수면량이 밤의 2배입니다. 인간이 그만큼 깨어있을 수 있는 것은, 그것을 위한 진화가 일어났기 때문이라고 생각할 수 있습니다만, 너무 '무리'를 하고 있는 것이 아닌가 하는 생각이 든다.

– 무리한 진화를?

오래 자고 있어도 아무렇지 않은 것은 안전한 곳에서 살고 있는 동물입니다. 박쥐의 수면 시간은 약 20시간, 아르마딜로는 17시간입니다. 한편, 기린이나 말은 수면시간이 3~4시간입니다. 위험한 장소에 사는 동물은 수면시간이 짧은 편이 적응성이 높습니다.

– 인간은?

사람은 초원에서 수렵을 하고 있었기 때문에 위험해서 오래 자지 못하는 그룹에 속합니다. 한편으로는 뇌가 매우 발달했기 때문에 몸을 쉬게 하는 '렘수면'과 뇌의 기능을 재조정하는 '논렘수면'을 조합한 수면이 필요하게 되었습니다. 그래서 밤에 모아서 자고, 낮에 최대한의 능력을 발휘할 수 있도록 노력하여 진화했다고 생각합니다.

– 노력의 결과, 모아서 잘 수 있게 되었다.

태어난 지 얼마 안 된 아기는 단시간의 수면을 반복하지요. 모아서 자게 되는 것은 유치원에 갈 무렵입니다. 그리고 고령이 되어 인지능력이 저하되면 다시, 자다 깨다를 반복하게 된다. 이러한 것으로부터 생각해 보면, 인간도 동물과 같이 짧은 시간으로 나뉘어진 수면이 기본이었으리라. 노력해서, 짧은 수면의 인간이 눈부신 진화를 거듭한 역사가 있는 것이 아닌가라고 추측하고 있습니다.

– 왜 제외되었을까요.

인류는, 역사상 많은 시간 동안 단체로 채집과 수렵을 하며 생활해 왔습니다. 혼자서 사냥감을 잡을 수 없기 때문에 먹을 것을 얻기 위해 낮에 집단으로 사냥을 했습니다. 그러자 수렵을 하는 시간에 자거나 깨거나를 반복하는 사람은 행동능력이 떨어지게 되었습니다. 약 600만 년에 걸쳐 낮에 잠을 자는 사람이 배제되어 온 결과, 우리 인간은 모아서 긴 시간을 잘 수 있게 진화했습니다. 그렇지만 모두와 같지 않다고 해서 바둥거리지 않아도 괜찮지 않습니까?

– 2시간 정도밖에 자지 않고도 아무렇지 않은 사람도 있습니다.

수면은 각성에서 논렘수면(깊은 수면), 렘수면(얕은 수면)에 이르는 사이클을 약 90분 간격으로 반복합니다. 90분보다 짧은 수면시간으로 매일 생활하고 있는 사람의 예는 없습니다. 한 사이클이 좀처럼 이루어지지 않는 사람은 수면을 취하는 데 시간이 걸립니다. 10시간을 자지 않으면 3사이클이 되지 않는 사람도 있고, 270분으로 3사이클이 되는 사람도 있습니다.

– 사람에 따라 다르다?

제 경험상 나이를 먹으면 2사이클로 족합니다. 매일 2시간으로 괜찮은 사람은 1사이클로도 양질의 수면을 이룰 수 있겠지요. 예전에는 밝은 시간에 활동하고 어두워지면 쉬는 생활이었습니다. 전기도 아무것도 없었으니까요. 그 일부분을 잠으로 채웠던 것입니다. 취침하고 있다는 것이 곧 수면이 아니고 90분의 사이클을 3, 4회 반복하는 것이 수면. 처음에 좋은 수면을 취할 수 있는지 없는지가 매우 중요한데, 1~2회 사이클이 승패를 좌우합니다. 그 사이클을 취침시간과 일치시킬 수 있는 사람은 행복한 거죠.

– 수 백만 년이 지나면 원래대로 돌아갈지도 모르겠네요.

개인의 활동만으로 사회가 성립되도록 네트워크가 발달하면 모두가 제멋대로 잠을 자게 되어 단시간으로 나누어 잠을 자는 사람이 나올지도 모릅니다. 내가 자고 있어도 잔상이나 무언가로 타인

과 커뮤니케이션을 취할 수 있는 도구가 있으면 취재가 있어도 깨어 있지 않아도 되는 것입니다. 지금은 그런 도구가 없기 때문에 역시 여러분과 같은 시간대에 깨어있을 수밖에 없겠네요.

12과_혈액형에 의한 성격 판단의 불가사의

어느 검색엔진이라도 상관없다. '혈액형'이라고 입력한 뒤 검색해 보자. 엄청 많은 수의 페이지가 나타난다. 그 대부분이 인간의 성격은 혈액형으로 결정된다는 것을 전제로 한 것으로, 이것에 이의를 다는 페이지는 새벽 하늘의 별과 같이 극히 드물다. A형은 꼼꼼하고 B형은 내 스타일대로, O형은 팔방미인, AB형은 2중 인격이라고 하는 것이 정설인 것 같다.

그러나 나는 이것을 전혀 믿지 않는다. 일에 대해서는 꼼꼼하지만, 여가를 보내는 방법은 내 스타일로, 사교성은 좋지만 남몰래 의외의 취미를 갖고 있는 사람 역시 많이 있으리라. 이런 경우의 사람은 무슨 형이라고 해야 하는 것인가? 한 사람의 인간에게는 다양한 면이 있다. 소심한 사람이 경우에 따라 의외의 대담함을 보이기도 하고, 그 반대가 있기도 하기에 인간이나 세상의 재미가 있다. 이에 대해 ABO식의 혈액형은 4가지 유형밖에 없다. 억지로 갖다 붙이자면 어떤 사람이라도 임의의 유형에 끼워 맞출 수 있다. 그렇기 때문에 일단 혈액형별 성격판단을 믿어버리면, 그에 대한 실증사례를 보는 일은 누구라도 용이하다.

인간은 성격뿐만 아니라, 육체적 특징도 천차만별이다. 그 중에서 특히 혈액형, 그것도 ABO식에만 왜 집중해서 관심을 가지는지 이해할 수가 없다. 생각컨대, 누구의 눈으로도 쉽게 알 수 있는 육체적 특징으로는 결점이 드러나기 쉽다. 그래서

인지 검사로밖에 알 수 없고, 과학적인 느낌이 드는 혈액형이 선택되었을 것이라는 생각을 지울 수 없다.

혈액형의 분포에는 지역적인 변이가 있다. 나와 같은 B형은 유럽인에게는 적은 듯한데, 유럽인에게는 내 스타일대로 하는 사람은 적은 것일까? 오히려 그 반대라는 생각이 든다. 성격의 분포에 (지구 규모로) 지역차가 있다고 해도, 그것이 선천적인 분포의 비율인지 아니면 사회 본연의 모습을 보고 후천적으로 선택한 것인지를 어떻게 해서 밝혀내는 것일까? 우리 가족은 모두 B형이지만, 성격은 모두 제각각인 것 같다(그래서 내 스타일대로라고 불리는지도 모르지만). 미국의 원주민(소위 인디안, 인디오)은 순수혈통의 경우 모두 O형이라고 하는데, 그렇다면 마야나 아스테카, 잉카 등의 문명은 같은 성격의 사람만으로 만들어진 것일까? 참고로 혈액형의 나라별 분포는 아래 표와 같다고 한다.

표 〈혈액형의 나라별 분포〉

	AB	A	B	O
일본	9	38	22	31
한국	11	34	27	27
중국	6	23	25	46
인도	9	21	41	29
미국(백인)	4	40	11	45
프랑스	3	46	9	42
나이지리아	6	21	29	44

2000년의 시드니 올림픽에서는 애버리진(aborigine;호주의 원주민)인 캐시프리먼이 성화의 최종 주자를 맡고, 육상 경기에서 금메달을 획득했다.

유럽에서는 일찍이 백인종의 우수함을 나타내는 것을 목적으로 한 우생학이란 것이 유행한 적이 있다. 태초에 목적이 있었노라 격으로 과학으로 성립될 리도 없는 것이었다. 우생학자들은 혈액형에도 주목해 A형이 우수하고 B형은 열등하다고 해서, B형이 비교적 많은 아시아인을 차별하는 증거를 만들려고 했다. 그러나 이 이론은 그들이 열등하다고 깊게 믿었던 원주민에게 A형이 많다는 사실을 알면서 붕괴되었다. 오늘날에는 우생학 자체가 사이비 과학으로서 취급받아 되돌아보는 일은 없다.

혈액형에 의한 성격 판단도, 이와 같은 사이비 과학의 일환으로 시작되었다. 그러나 황색인종의 나라 일본에서는 역시 인종간 우열의 기준으로서 도입되지 못하고 성격을 구분하는 것으로 재가공되어 도입되었다. 병사의 적성진단에 이용해 정예부대를 만들려는 시도가 있었다는 참담한 역사도 가지고 있다.

한 사람의 인간에게는 여러 가지 면이 있다. 어떤 면으로 그 사람을 평가할지는 시간과 장소에 따라 다름에도, 하나의 면을 절대시해서 항상 그 사람을 배제하는 것에서 차별이 생긴다. 혈액형에 의한 성격 판단도 친구들 사이에 농담처럼 커뮤니케이션에 사용된다면 흠잡을 정도는 아니겠지만, 차별로 이어질 위험이 없다고는 할 수 없다. 성격이란 소질과 환경의 조합으로 형성되는 것으로 그 조합방법은 사람마다 다르다. 그러므로 한 사람 한 사람을 편견없이 바라보는 것이야말로 중요한 것이며, 겨우 혈액형으로 판단하려 한다면 태만이라는 비난을 면하기 어렵다.

혈액형에 의한 성격 판단이 상식처럼 된 것은 일본과 한국뿐으로, 세계의 대부분의 지역에서는 혈액형과 성격이 관계가 있다는 견해가 있다는 사실조차 알려져 있지 않다. 그럼에도 불구하고, 일본인 중에는 혈액형에 의한 성격 판단이 서양으로부터 왔다고 알고 있는 사람이 많고, 서양 사람에게 혈액형을 물어 의심스런 눈초리를 받곤 한다. 설마 일본인과 한국인만이 혈액형으로 성격이 결정되는 것은 아니기 때문에 '혈액형 인간학'을 외치는 사람은 세상의 비상식과의 싸움에 도전하지 않으면 안 된다. 그러나 그 근거는 너무나도 빈약하다. 그것보다는 일본과 한국과 같이 단일민족환상이 강한 나라에 한해서 왜 상식화된 것일까 하는 식으로, 이 문제를 비교문화론의 관점에서 논하는 편이 그 실익이 많다. 아우슈비츠의 비극을 경험한 유럽에서 혈액형 인간학은 우생학의 망령으로 여긴다. 자신들을 차별하기 위해서 제창된 이론이 일본에서 성격 판단에 이용되고 있다는 이야기를 듣는다면, 일본인이란 참으로 순진한 사람들이라며, 어처구니 없어 할 것이 틀림없다.

1과

(1) 〜ため

病気のため、仕事をやめた。
병 때문에 일을 그만두었다.
生きるため、食べる。 살기 위해 먹는다.

(2) 〜だろう

一生懸命勉強すると合格できるだろう。
열심히 공부하면 합격할 수 있겠지.
明日の講義、たぶん休講だろう。
내일 강의 아마 휴강이지.
このあいだ会った田中さん、いるだろう。彼、結婚
するんだって。 얼마 전에 만난 다나카 씨 있지? 그 사람
결혼한대.

2과

(1) 〜ようになる

日本語が話せるようになりました。
일본어를 말할 수 있게 되었습니다.

(2) 〜ものの

給料は少ないものの、仕事は楽しい。
월급은 적지만 일은 즐겁다.

(3) 〜とともに

弟の帰国とともに家がにぎやかになった。
남동생의 귀국과 동시에 집이 북적거리게 되었다.
妻とともに幸せな人生を過す。
아내와 함께 행복한 삶을 살다.
核家族の増加とともに少子化も進んでいく。
핵가족의 증가에 따라 저출산률도 증가하고 있다.

3과

(1) 〜おかげで

あなたが手伝ってくれたおかげで、仕事が早くすみ
ました。 당신이 도와준 덕분에 일이 빨리 끝났습니다.
君のおかげで、ひどい目にあったよ。
너 때문에 참혹한 꼴을 당했다.

(2) 〜ず

窓を閉めず、家を出ました。
창문을 닫지 않고 집을 나왔습니다.
なかなか漢字が覚えられず、困ります。
좀처럼 한자가 외워지지 않아 난처합니다.
出発前日まで予約が取れず、心配させられた。
출발 전날까지 예약이 되지 않아 걱정되었다.
調味料を入れず料理をした。
조미료를 넣지 않고 요리를 했다.

① ないで

窓を閉めないで寝ました。
창문을 닫지 않고 잤습니다.
調味料をつかわないで料理をした。
조미료를 사용하지 않고 요리를 했다.

② なくて

彼女が来なくて心配した。
그녀가 오지 않아서 걱정했다.

(3) 〜めく

少しずつ秋めいてきた。 조금씩 가을다워졌다.
どことなく謎めいた女性がホールの入り口に立って
いた。 어딘지 모르게 정체 불명의 여성이 홀의 입구에 서
있었다.
彼女の言う事には皮肉めいたところがある。
그녀가 말한 것에는 비꼬는 듯한 부분이 있다.

(4) 〜に違いない

あんなすばらしい車に乗っているのだから、田村さ
んは金持ちに違いない。 저런 훌륭한 차를 타고 있으므
로, 다무라 씨는 부자임에 틀림없다.
これは兄がやったに違いない。
이것은 형이 한 것이 틀림없다.
山田君が買ってきてくれたワインは相当高かったに
違いない。 야마다 군이 사 온 와인은 꽤 비싼 것임에 틀
림없다.

① 〜に相違ない

あの船は遭難したに相違ない。
저 배는 조난된 것임에 틀림없다.

② 〜はずだ

今日、日曜日だからデパートは込んでいるはず

だ。오늘 일요일이라서 백화점은 붐빌 것이다.

③ ～にきまっている

一生懸命に練習すればあのチームに勝つにきまっている。열심히 연습하면 저 팀을 이기게 되어 있다.

(1) つまり

新宿に父の兄、つまり私の伯父が住んでいる。
신주쿠에 아버지의 형, 즉 나의 백부가 살고 있다.

すなわち

日本は四季、すなわち春、夏、秋、冬がはっきりしている。일본은 4계절, 즉 봄, 여름, 가을, 겨울이 뚜렷하다.

(2) ～わけだ

彼は一年もアメリカに住んでいたので英語が上手なわけだ。그는 1년이나 미국에 살았기 때문에 영어를 잘하는 것이다.

イギリスは時差が9時間あるから日本が午前11時ならイギリスは深夜の2時なわけだ。영국은 시차가 9시간이 되기 때문에 일본이 오전 11시면 영국은 새벽 2시이다.

はじめは観光旅行のつもりでフィリピンへ遊びに来たんですが、フィリピンが好きになり、とうとう8年もフィリピンに住んでしまったわけです。처음에는 관광여행이라는 생각으로 필리핀으로 놀러 왔는데 필리핀이 좋아져서 결국 8년이나 필리핀에 살게 된 것입니다.

※ わけがない/わけはない

勉強もしないで遊んでばかりいて試験に受かるわけがないじゃないか。공부도 하지 않고 놀기만 하고 있으면 시험에 합격할 리가 없지 않은가.

こんな難しい問題を子供が解けるはずがない。
이렇게 어려운 문제를 어린이가 풀 리가 없다.

(3) ～にもかかわらず

日曜日にもかかわらず、学校へ行く。
일요일임에도 불구하고 학교에 간다.

本日は雨天にもかかわらずお集まりくださいまして、ありがとうございます。오늘은 비가 오는데도 불구하고 모여주셔서 감사합니다.

(4) ～に関して

彼は車に関して知識が豊かだ。
그는 차에 관해서 지식이 풍부하다.

～に対して

彼の意見に対して何か反対意見はありませんか。
그의 의견에 대해서 다른 의견은 없습니까?

田中さんは背が高いのに対して弟の方はクラスで一番低い。다나카 씨는 키가 큰 데에 비해 동생은 반에서 제일 작다.

(1) ～にとって

今日は私にとって新たな人生のスタートする日だ。
오늘은 나에게 있어서 새로운 인생이 시작되는 날이다.

彼にとってこんな修理は何でもないことです。
그에게 있어서 이런 수리는 아무것도 아닙니다.

この時計は私にとってかけがえのない宝物です。
이 시계는 나에게 있어서 다른 것과 바꿀 수 없는 보물입니다.

～として(は)

彼女は国費留学生として日本へ来た。
그녀는 국비유학생으로서 일본에 왔다.

(2) ～わけにもいかない

今日は大事な会議があるから、休むわけにもいかない。오늘은 중요한 회의가 있기 때문에 쉴 수도 없다.

① ～ないわけにはいかない/～ないではいられない/～ざるをえない

会食で今夜はお酒を(飲まないわけにはいかない/飲まないではいられない/飲まざるをえない)。
회식이라서 오늘 밤은 술을 안 마실 수가 없다.

② なければいけない

車を運転するには免許を取らなければいけない。
자동차를 운전하려면 면허를 취득하지 않으면 안 된다.

(3) ～ところで/～ところに/～ところへ/～ところを

停留所に着いたところで、財布を忘れてきたことに気がついた。정류장에 도착했을 때 지갑을 두고 온 것을 알았다.

ちょうど田中さんのうわさをしているところに、田中さん本人がやって来た。마침 다나카 씨의 이야기를 하고 있을 때 장본인이 나타났다.

授業が終わったところへ山田さんがあわてて入ったきた。수업이 끝났을 때 야마다 씨가 급하게 들어왔다.

お忙しいところをおたずねくださり、ありがとうございました。바쁘신 와중에 방문해 주셔서 감사합니다.

(4) 〜ところだ

ちょうど食べるところだ。마침 먹으려던 참이다.

仕事が一段落してお茶を飲んでいるところです。
일이 일단 끝나서 차를 마시고 있던 참입니다.

たった今帰ってきたところだ。지금 막 돌아온 참이다.

※ 〜たところ

居酒屋で湯豆腐を注文したところ、あいにく品切れだった。선술집에서 두부 조림을 주문했더니 공교롭게 품절이었다.

(5) 〜とはいえ

近いとはいえ、歩いて30分はたっぷりかかる。
가깝다고는 하나, 걸어서 30분은 족히 걸린다.

① 〜とはいうものの

春とはいうものの、まだまだ寒い日が続いています。
봄이라고는 하나, 아직 추운 날씨가 계속되고 있습니다.

② 〜とはいっても

授業料が高いとはいっても払えない額ではなかった。
수업료가 비싸다고 해도 납부하지 못할 금액은 아니었다.

③ 〜といえども

一枚の紙といえどもむだにするな。
한 장의 종이라도 낭비하지 말아라.

6과

(1) 〜によって

コンピューターによって大量の文書管理が可能になった。
컴퓨터로 대량의 문서관리가 가능하게 되었다.

考えをことばによってあらわす。
생각을 언어로써 표현한다.

不注意による交通事故があとを絶たない。
부주의에 의한 교통사고가 끊임이 없다.

ニュースによると昨日の雪で新幹線が遅れたそうだ。
뉴스에 의하면 어제의 눈으로 신칸센이 늦었다고 한다.

授業の進め方はクラスによって違います。
수업의 진행방법은 학급에 따라 다르다.

このビルは安藤忠雄によって設計された。
이 빌딩은 안도 타다오에 의해 건설되었다.

(2) 〜はずだ

彼女は今日、必ず来るはずだ。
그녀는 오늘 반드시 올 것이다.

あの人は日本語科を卒業したから日本の新聞は読めるはずだ。저 사람은 일본어과를 졸업했기 때문에 일본 신문을 읽을 수 있을 것이다.

〜はずがない／〜わけがない

田中さんがそんなことをする[はずがない/わけがない]。다나카 씨가 그런 짓을 할 리가 없다.

(3) 〜について(は)

彼女の私生活については、何も知らない。
그녀의 사생활에 관해서는 아무것도 모른다.

日本の経済について研究する。
일본 경제에 대해서 연구하다.

(4) 〜にすぎない

私は平社員にすぎないので、その件は責任者にきいてください。저는 평사원에 지나지 않기 때문에, 그 사항은 책임자에게 물어 주세요.

(5) 〜における

この報告書は江戸時代における庶民と武士の暮らし方を比較したものだ。이 보고서는 에도시대에 있어서의 서민과 무사의 생활방식을 비교한 것이다.

それは私の人生における最高の日であった。
그것은 내 인생에 최고의 날이었다.

(6) 〜ほかない

雨が降っているので、残念だが今日の遠足は延期するほかない。비가 내리기 때문에, 유감이지만 오늘 소풍은 연기하는 수 밖에 없다.

〜しかない

明日試験だからがんばるしかないね。
내일 시험이기 때문에 분발할 수 밖에 없네.

7과

(1) ～において

1988年、この競技場においてソウルオリンピックが開かれた。 1988년, 이 경기장에서 서울 올림픽이 열렸다.
古代においては、貝がらがお金として使われていたと言うことである。 고대에는 조개 껍질이 돈으로 사용되었다.

(2) ～からすると

現状からするとあと1か月はかかりそうだ。
현재 상황으로 미루어 보면 앞으로 한 달은 걸릴 것 같다.
親からすると、子供はいくつになっても子供で、心配なものだ。 부모의 입장에서 보면, 자식은 몇 살이 되어도 아이여서 걱정되는 법이다.

① ～の立場から見ると/～からすれば /～から見ると/～から見れば

私の両親からすると、姪にあたります。
내 부모님 입장에서 보면 조카 딸에 해당됩니다.
私の立場から見ると、その見通しは楽観的すぎると言わざるをえません。 내 입장에서 보면, 그 예측은 너무 낙관적이라고 말하지 않을 수 없습니다.

② ～からすれば/～から見ると/～から見れば /からみて/からして/からいって

あの人は話し方や表情からして、どうもアメリカ人ではないようだ。 저 사람은 말하는 방법이나 표정으로 볼 때 아무래도 미국인은 아닌 것 같다.
あの人の性格から見て、そんなことで納得するはずがないよ。 저 사람의 성격으로 보면, 그걸로 납득할 리가 없다.

(3) ～ことになる

来月、北海道に転勤することになった。
다음 달에 홋카이도로 전근가게 되었다.

① ことになっている

休むときは会社に連絡しなければならないことになっています。 쉴 때는 회사에 연락하지 않으면 안 되게 되어 있습니다.
うちの学校では学生は1年に1回健康診断を受けることになっています。 우리 학교에서는 학생은 1년

에 한 번 건강검진을 받게 되어 있습니다.
法律で、子供を働かせてはいけないことになっている。 법률로 어린이를 일하게 해서는 안 되게 되어 있다.

② ことにする

来月大阪へ行くことにしました。
다음 달에 오사카에 가기로 했습니다.

③ ことにしている

毎日朝食を食べることにしています。
매일 아침밥을 먹으려고 합니다.

8과

(1) ～がたい

若い人の考えは年寄りには理解しがたいものらしい。
젊은 사람의 생각은 나이든 사람이 이해하기 어려운 것 같다.

① 동사 ます형 + づらい

この車、ブレーキが効きすぎて運転しづらいですね。 이 차, 브레이크가 너무 잘 들어서 운전하기 힘드네요.
退職理由ですか？ それはちょっと言いづらいです。 퇴사이유 말입니까? 그것은 좀 말하기 어렵습니다.

② 동사 ます형 + にくい

東京は物価が高くて住みにくい。
도쿄는 물가가 비싸서 살기 어렵다.

③ 동사 ます형 + やすい

この本は説明がやさしいので読みやすい。
이 책은 설명이 쉬워서 읽기 쉽다.

(2) ～に優れている

今回の新製品は耐久性に優れている。
이번 신제품은 내구성이 뛰어나다.
※ この頃顔色が優れないように見える。
요즘 안색이 좋지 않아 보인다.

(3) ～恵まれている

彼は立派な体格に恵まれている。
그는 훌륭한 체격을 타고났다.
ロシアは天然資源に恵まれている。
러시아는 천연자원이 풍족하다.

(4) ～ようがない

質問の意味がわからなくて、答えようがなかった。
질문의 의미를 몰라서 대답할 수가 없었다.
山田さんは今どこにいるのかわからないので連絡し
ようがない。 야마다씨는 지금 어디에 있는지 모르기 때
문에 연락할 수가 없다.
あんなに怒っていては、話しかけようがない。
저렇게 화 내고 있어서는 말을 걸 수가 없다.

① しかたがない

相手がそれを望んでいる以上、しかたがないよ。
상대가 그것을 원하는 이상, 어쩔 수가 없네요.

② やむを得ない

病気なら休むのもやむを得ない。
병이라면 쉬는 것도 부득이하다.

(5) ～次第

今日の野球試合ができるかどうかは、天気次第で
す。 오늘 야구시합을 할 수 있을지의 여부는 날씨에 따라
결정된다.

① 日本に着き次第、連絡いたします。
일본에 도착 하자마자 연락 드리겠습니다.
② 本来は社長がごあいさつさせていただくべきで
すが、あいにく抜けられない仕事がありまして、
急拠、社長に代わって、一言ごあいさつ申し上げ
ることになった次第です。 본래는 사장이 인사 드려
야 됩니다만, 공교롭게도 빠질 수 없는 일이 있어서 급히
사장을 대신해서 한마디 인사말씀 올리게 된 것입니다.
③ 空が次第に明るくなる。 하늘이 차츰 밝아오다.

(6) せっかく

せっかくの休みなのに働かなければなりません。
모처럼의 휴일인데 일하지 않으면 안 됩니다.
せっかく旅行に行く用意をしたのに、台風のため行
けなくなりました。 모처럼 여행갈 준비를 했는데, 태풍
때문에 못 가게 되었다.

(7) ～そこねる

遊んでいて宿題をやりそこねた。
놀고 있다가 숙제를 하지 못했다.
10時の飛行機に乗りそこねた。
10시 비행기를 타지 못했다.

(1) ～たり ～たりします

休みの日は、部屋を掃除したり、 映画を見に行った
りします。 휴일에는 방 청소를 하기도 하고, 영화를 보러
가기도 합니다.

(2) ～に比べて

例年に比べて今年は野菜の出来がいい。
예년에 비해 올해는 야채수확이 잘 되었다.

～と比較して

彼の絵はプロの画家の絵と比較して少しも劣ると
は思わない。 그의 그림은 프로 화가의 그림과 비교해
서 조금도 부족하다고 생각하지 않는다.

(3) ～ものだ

悪いことをしたら謝るものだ。
나쁜 짓을 하면 사과를 해야 한다.
年上の人には敬語を使うものです。
윗사람에게는 높임말을 써야 한다.
昔はよく遊びに行ったものだ。
옛날에는 자주 놀러 갔었다.
最近は便利になったものだ。
최근에는 편리하게 되었군.
あの車に乗ってみたいものだ。
저 자동차에 타보고 싶군.

(4) ～そう(に)

彼はまじめで親切そうです。
그는 성실하고 친절한 것 같습니다.
あの映画はとても面白そうです。
그 영화는 매우 재미있을 것 같습니다.
今にもあの子は泣きそうです。
금방이라도 저 아이는 울 것 같습니다.

(5) ～に従って

父は年をとるに従ってますます頑固になった。
아버지는 나이가 들어감에 따라 점점 완고해졌다.
子供が成長するに従って親の負担も増す。
아이가 성장함에 따라 부모의 부담도 커진다.
電気製品の普及にしたがって、家事労働が楽になっ
た。 전기제품의 보급에 따라 가사노동이 편해졌다.

① 〜につれて

成長するにつれ、彼の名声は世界中に広まった。

성장함에 따라 그의 명성은 온 세계에 널리 퍼졌다.

文明が発達するにつれて、人間は自分自身の身体を使わなくなった。문명이 발달함에 따라서, 인간은 자기 자신의 신체를 사용하지 않게 되었다.

② 〜とともに

年をとるとともに、涙もろくなった。

나이를 먹음에 따라 눈물이 많아졌다.

子供は大きくなるとともに親から離れていく。

아이는 성장함에 따라 부모로부터 멀어진다.

③ 〜にともなって

町の発展にともなってにぎやかになっていった。

마을의 발전에 따라서 변화해졌다.

人口が増加するに伴って食糧問題は深刻になってきた。인구가 증가함에 따라 식량문제는 심각하게 되었다.

(6) 〜(よ)うとする

ドアを閉めようとしたが、閉まらなかった。

문을 닫으려고 했지만 닫히지 않았다.

寝ようとした時、電話がかかってきた。

자려고 했을 때 전화가 걸려왔다.

(7) 〜ねば

何としても頑張らねばと思うのですが、気ばかり焦って一向に進歩の兆しは見えません。

어떻게 해서든지 노력만 하면 될 거라고 생각하지만, 초조해질 뿐 전혀 진보의 조짐이 보이지 않습니다.

① 〜なければいけない/〜なけらばならない/〜なくてはいけない/〜なくてはならない

このレポートは明日までに返(なければいけない/なけらばならない)んです。이 레포트는 내일까지 돌려주어야 합니다.

目上の人と話すときはことばづかいに気をつけ(なくてはいけない/なくてはならない)。윗사람과 이야기할 때는 언어 사용에 주의해야 한다.

一致協力して問題解決に当たらねばならない。

일치협력해서 문제해결을 해야만 한다.

今日は経済学のレポートを書かなきゃいけないんだ。오늘은 경제학 리포트를 써야만 한다.

10과

(1) 〜もさることながら

彼は会社の実績もさることながらスポーツ万能で親孝行という申し分のない息子だ。그는 회사 실적도 물론이거니와 스포츠 만능에 부모에게 효도하는 흔치않은 아들이다.

① 〜はもちろん

家族はもちろん親類をはじめ、友だち、同僚など、彼女の関係者で、彼女を悪く言うものは、一人もいなかった。가족은 물론 친척을 비롯해 친구, 동료 등 그녀의 관계자 중에 그녀를 나쁘게 말하는 사람은 한 사람도 없었다.

② 〜はもとより

牛肉はもとよりコメの輸入自由化までも強く主張した。소고기는 말할 것도 없고 쌀 수입자유화까지도 강하게 주장했다.

③ 〜うえ(に)

ごちそうになったうえにお土産までもらった。

좋은 음식을 대접받은데다가 선물까지 받았다.

(2) 〜ほど(ぐらい) 〜こと(もの)はない

世界の言葉の中で英語ほど難しいものはない。

세계 언어 중에 영어만큼 어려운 것은 없다.

焼肉ぐらいおいしい食べものはないだろう。

야키니쿠만큼 맛있는 음식은 없을 것이다.

(3) ところで

ところで、あの件はどうなりましたか。

그런데, 그 건은 어떻게 되었습니까?

① 〜たところで

毎日一生懸命働いたところで、家一軒買うこともできないのだ。매일 열심히 일해봤자 집 한 채도 살 수 없다.

② ところが

紛争は長期化すると見られていた。ところが、国連の調停によって案外早く解決した。분쟁은 장기화될 것으로 보여졌다. 그런데 국제연합의 조정에 의해 의외로 빨리 해결했다.

③ ～どころか

彼女の家まで行ったが、話しをするどころか姿も見せてくれなかった。 그녀의 집까지 갔는데 말은커녕 모습도 보여주지 않았다.

となりの人の干渉はわずらわしいどころかあれではプライバシーの侵害だ。 옆 사람의 간섭은 귀찮은 건 물론이고 그것은 사생활 침해다.

(4) ～かぎり

体が丈夫なかぎり、思いきり会社のために活躍したいものだ。 몸이 건강하는 한, 마음껏 회사를 위해서 활약하고 싶다.

受験戦争があるかぎり、生徒は遊べない。 수험 전쟁이 있는 한, 학생은 놀 수 없다.

(5) ～わりに(は)

年のわりにふけて見えるのは 髪型と服装のせいだ。 나이에 비해서 겉늙어 보이는 것은 헤어스타일과 옷 때문이다.

～にしては

彼は日本人にしては、英語の発音もきれいだし、自分の意見をはっきり言う。 그는 일본인치고는 영어 발음도 깨끗하며, 자신의 의견을 확실히 말한다.

(6) ～うる(=える)

その絵の素晴らしさは、とても言葉で表しうるものではない。 그 그림의 훌륭함은 도저히 말로 표현할 수 있는 것이 아니다.

彼が失敗するなんてありえない。 그가 실패하다니 있을 수 없는 일이다.

21世紀には人が月で生活することもありえるかもしれない。 21세기에는 사람이 달에서 생활하는 것도 가능할 지도 모른다.

(7) ～の至り

こんな立派な賞をいただきまして、光栄の至りです。 이런 훌륭한 상을 주셔서 아주 영광입니다.

全社員の前で仕事上の大きなミスを指摘され、赤面の至りだ。 전 사원 앞에서 업무상 큰 실수를 지적당해 부끄럽기 짝이 없다.

このような後援会を開いてくださいまして、感謝の至りです。 이와 같은 후원회를 열어주셔서, 감사하기 그지 없습니다.

11과

(1) ～ように

風がよく通るようにもっと窓を開けなさい。 바람이 잘 통하도록 창문을 더 여세요.

① まるで石のように固いパンを食べさせられた。 마치 돌처럼 딱딱한 빵을 먹었다. (타인의 강제에 의해 먹고싶지 않은 것을 억지로 먹게 됨)

② 展示品には手を触れないようにしてください。 전시품에는 손을 대지 않도록 해 주세요.

③ 手紙をもらったら、すぐ返事を書くようにしている。 편지를 받으면, 바로 답장을 쓰도록 하고 있다.

(2) ～たばかり

会社に入ったばかりなので、まだ何もわかりません。 회사에 들어온 지 얼마 안되기 때문에 아직 아무 것도 모릅니다.

このデジカメは昨日買ったばかりです。 이 디지털 카메라는 어제 막 산 것입니다.

～たところだ

たった今仕事がおわったところです。 지금 막 일이 끝났습니다.

(3) ～からといって

女だからといって、みんなやさしいわけではない。 여자라고 해서 모두 다정한 것은 아니다.

金持ちだからと言って、幸せだとは限らない。 부자라고 해서 행복하다고는 할 수 없다.

(4) ～にいたる

借金の額にいたるまで調べられた。 빚의 액수까지 조사 받았다.

京都を経て大阪にいたる。 쿄토를 지나 오사카에 이르다.

12과

(1) ～ごとく

前述したごとく、会議の日程が変更になりましたので、ご注意ください。 앞에서 설명한 것 같이 회의 일정이 변경 되었으므로 주의하십시오.

時間は矢のごとくすぎて行く。

시간은 화살과 같이 지나간다.

① 명사 + の + ごとし
まるで絵のごとし。 마치 그림과 같다.

② 명사 + の + ごとき
良子は白百合のごとき乙女になった。
요시코는 하얀 백합과 같은 소녀가 되었다.

(2) ～のみならず
若い人のみならず老人や子供達にも人気がある。
젊은 사람뿐만 아니라 노인과 어린이들에게도 인기가 있다.
戦火で家を焼かれたのみならず、家族も失った。
전쟁으로 인한 화재로, 집이 탄 것뿐만 아니라, 가족도 잃었다.
彼女は聡明であるのみならず容姿端麗でもある。
그녀는 총명할 뿐만 아니라 용모도 단정하다.

(3) ～でもあるまい
子供でもあるまいし、自分のことは自分でしなさい。 아이도 아니고, 자기 일은 자기가 하세요.
学生でもあるまいし、アルバイトはやめて、きちんと勤めなさい。 학생도 아니고, 아르바이트는 그만두고, 제대로 일하세요.
心に留めておくほど大したことでもあるまい。
마음에 담아둘 정도로 대단한 일도 아니다.

(4) ～ことはない
悪いこともしていないのに謝ることはない。
나쁜 짓도 하지 않았는데 사과할 필요는 없다.

① ～ことだ
健康を取り戻すには、何も考えずによく眠ることですね。 건강을 회복하는 데는 아무것도 생각하지 않고 잘 자는 것이 중요하지요.

② ～ことから
土地が異常に値上がりしたことから、東京では家が買えなくなった。 토지가 대단히 비싸졌기 때문에 도쿄에서는 집을 살 수 없게 되었다.

③ ～ことに、～ことには
悲しいことに、体重がまたもとに戻ってしまいました。 슬프게도 체중이 원래대로 돌아왔습니다.

④ ～ことだから
正直な彼の言うことだから本当だろう。
정직한 그의 말이니까 정말이겠지.

⑤ ～ことなく
彼は失敗を繰り返してもあきらめることなく仕事を続け、大金持ちになった。 그는 실패를 반복해도 포기하지 않고 일을 계속해서 큰 부자가 되었다.

(5) ～ならない
どうもそう思われてならない。
어쩐지 그렇게 생각하지 않을 수 없다.
父親が死んだときは悲しくてならなかった。
아버지가 돌아가셨을 때는 슬픔을 참을 수 없었다.

① なければならない/なくてはならない
学校には出席しなくてはならない。
학교에는 출석해야 한다.

② ～してはならない
彼女にそれを知らせてはならない。
그녀에게 그것을 알려서는 안 된다.

중요 표현 번역 :: 연습문제에서 체크할 새로운 표현

1과

(1) ~ように
風邪をひかないように体をあたためにしてください。 감기에 걸리지 않게 몸을 따뜻하게 해 주세요.
日本語が話せるようになりました。
일본어를 말할 수 있게 되었습니다.

(2) ~のに
このはさみは紙を切るのに使います。
이 가위는 종이를 자르는데 사용합니다.

2과

(1) それから
授業は火曜日と水曜日それから木曜日にあります。
수업은 화요일, 수요일 그리고 목요일에 있습니다.

(2) そして
彼はキムさんに会いました。そしてパクさんも会いました。 그는 김 씨와 만났습니다. 그리고 박 씨도 만났습니다.

(3) そこで
血液型はいつもB型が悪く言われます。そこで、実際はどうなのか例をあげてみますので、みなさんの感想をお聞かせ下さい。 혈액형은 항상 B형이 나쁘다고 합니다. 그래서 실제 예를 들어 볼 테니, 여러분의 생각을 말해 주세요.

(4) すると
パスワードを押した。すると、ドアが自動的に開いた。 패스워드를 눌렀다. 그러자 문이 자동으로 열렸다.

(5) それに
彼女はきれいだ。それに、あたまもいい。
그녀는 예쁘다. 게다가 머리도 좋다.

(6) それで
明日就職試験だ。それで、明日バイトを休む。
내일 취직시험이다. 그래서 내일 아르바이트를 쉴 것이다.

(7) ~ているうちに
音楽を聞いているうちに眠ってしまいました。
음악을 듣고 있는 동안 잠들었다.

3과

(1) の
高くて手の届かないセーター。
비싸서 손이 가지 않는 스웨터.
日本語の上手なひとを探しています。
일본어가 능숙한 사람을 찾고 있습니다.

(2) ~余儀ない
悪天候が続き、工事計画の変更を余儀なくされた。
악천후가 계속되어, 공사계획이 어쩔 수 없이 변동되었다.
不意に起こった雪崩が登山計画の中止を余儀なくさせた。 불의로 일어난 눈사태로 어쩔 수 없이 등산 계획을 중지했다.

(3) ~たて(で)
まだ引越ししたてで、荷物整理が忙しいです。
이제 막 이사를 해서, 짐 정리가 바쁩니다.
焼きたてのパン。 갓 구운 빵.

(4) ~し
安いしおいしいし、いつもこの店で食べます。
싸고 맛있어서 항상 이 가게에서 먹습니다.

4과

(1) ~ら
我ら、お前ら、彼ら、会員ら
우리들, 너희들, 그들, 회원들

(2) あまりに(も)
あまりにも暑いのでシャワーを浴びた。
너무 더워서 샤워를 했다.
人があまりに多くて映画をじっくり見ることが出来なかった。
사람이 너무 많아서 영화를 집중해서 볼 수 없었다.

(3) 접속사
明日の天気は雨あるいは雪でしょう。
내일 날씨는 비 또는 눈입니다.

明日会議に出られませんというのは急に出張を行くことになりました。내일 회의에 참석할 수 없는 것은 갑자기 출장을 가게 되었기 때문입니다.

明日運動会は中止することになりました。したがって正常授業をします。내일 운동회는 중지되었습니다. 따라서 정상수업을 합니다.

彼はいつも忙しいと言っている一方よく友達とよく遊びに行くよ。그는 항상 바쁘다고 말하는 한편, 친구들과 자주 놀러간다.

5과

(1) いざというとき
いざというときは危険を分担する。
만일의 경우에는 위험을 분담한다.
いざと言うときの用意をする。
만일의 경우를 대비한다.

(2) ～つつ
成功を期待しつつ今度の経過を見守る。
성공을 기대하면서 앞으로의 경과를 지켜보다.

① ～つつも
たばこは体に悪いと知りつつ（も）つい吸ってしまう。담배는 몸에 나쁘다고 알면서도 계속 핀다.

② ～つつある
この会社は現在成長しつつある。
이 회사는 현재 계속 성장하고 있다.

6과

(1) いずれも
いずれも全国有数の実力者揃いだ。
모두 하나같이 전국 유수의 실력자들이 모였나.

(2) 必ずしも
金持ちが必ずしも幸せだとはかぎらない。
부자가 반드시 행복하다고는 할 수 없다.
名選手が必ずしも名監督になるわけではない。
명선수가 반드시 명감독이 된다고는 할 수 없다.
必ずしもそうだとは言い切れない。

반드시 그렇다고 딱 잘라 말할 수 없다.

※ かならず
虫歯をふせぐには寝る前に必ず歯をみがいて下さい。충치를 방지하기 위해서는 자기 전에 반드시 이를 닦아 주세요.

(3) ～べきだ
悪いと思ったら、すぐあやまるべきだ。
미안하다라고 여겨지면, 당장 사과해야 한다.

7과

(1) ～なくて
農村では雨が降らなくて困る。
농촌에는 비가 내리지 않아 난처하다.
田中さんが合格しなくて、山田さんは合格した。
다나카 씨는 합격하지 않고 야마다 씨는 합격했다.

(2) ～ないで
子供は朝ごはんも食べないで学校へ行った。
아이는 아침밥도 먹지 않고 학교에 갔다.
包丁を使わないで料理をした。
칼을 사용하지 않고 요리를 했다.

8과

(1) ～ていく
これからも自然を大切にしていきたい。
앞으로도 자연을 소중히 해 가고 싶다.

(2) ～なければならない
強い薬は注意して使わなければならない。
강한 약은 주의해서 사용해야 한다.

9과

(1) ～てやる
子供におもちゃを買ってやった。
아이에게 장난감을 사 주었다.
妹に英語を教えてやる。

여동생에게 영어를 가르쳐 주다.

① ～てあげる/～てさしあげる

田中さんは金さんを区役所へ連れて行ってあげました。 다나카 씨는 김 씨를 구청에 데리고 가 주셨습니다.

② ～てくれる/～てくださる

中野先生が私に日本語を教えてくださいました。 나카노 선생님이 나에게 일본어를 가르쳐 주셨습니다.

③ ～てもらう/～ていただく

私は田中さんに区役所に連れて行っていただきました。 다나카 씨는 나를 구청에 데리고 가 주셨습니다.

(2) ～ぬ

忘れぬ味。
잊을 수 없는 맛.
まだ見ぬ国にあこがれる。
아직 보지 않은 나라를 동경하다.

10과

(1) ～では(じゃ)あるまいし

子供ではあるまいし、暗い所が怖いなんて、おかしいですね。 아이도 아닌데 어두운 곳이 무섭다니, 이상하네요.
幽霊が現れたんじゃあるまいし、そんな驚いた顔をするなよ。 유령이 나타난 것도 아닌데, 그런 놀란 얼굴 하지마.

(2) ～にかぎる

疲れたときは風呂に入るにかぎる。
피곤할 때는 목욕하는 것이 제일이다.

① ～かぎりでは

私が知っているかぎりでは、田中さんはそんなことをする人ではない。 내가 알고 있는 한, 다나카 씨는 그런 일을 할 사람이 아니다.

② ～とはかぎらない

好きな人と結婚しても、幸せになるとは限らない。 좋아하는 사람과 결혼해도 행복해진다고는 할 수 없다.
盗難にあわないとも限らないから、保険に入ろう。

도난 당하지 않는다고는 할 수 없으니 보험에 가입해야지.

(3) ～から～にかけて

春から夏にかけて。
봄부터 여름에 걸쳐서.
八日の夜から九日の朝にかけてお祭りが行われる。
8일 밤부터 9일 아침에 걸쳐서 축제가 열립니다.
私達の店は今年の春から秋にかけて改装する予定です。 우리 가게는 올해 봄부터 가을에 걸쳐서 리모델링할 예정입니다.
10代後半から20代にかけて、ギターに夢中になった。
십 대 후반부터 이십 대에 걸쳐서, 기타에 몰두했었다.

① から～まで

8月10日から8月15日まで休みです。
8월10일부터 8월15일까지 휴가입니다.

② ～にわたって、～にわたる

関東地方は二日間にわたる風雪で交通が麻痺した。 관동지방은 이틀에 걸친 눈보라 때문에 교통이 마비되었다.
賃上げの話し合い(交渉)は数回にわたって行なわれ最終的には決着した。 임금상승의 교섭은 몇 회에 걸쳐 실시되어, 최종적으로 매듭 지었다.
5日間にわたった文化祭も今日で幕を閉じます。
5일간에 걸친 문화제도 오늘로 막을 내렸다.

(4) ～きれる/～きる

そんなにたくさん食べきれますか。
그렇게 많이 먹을 수 있습니까?
そんな分かりきったことをいつまで言っているんだ。 그렇게 다 알고 있는 것을 언제까지 말하고 있을거야!

(5) ～にほかならない

あの人が志望の大学に入れたのは、まじめな努力の結果にほかならない。 저 사람이 지망 대학에 들어 갈 수 있었던 것은 성실한 노력의 결과임에 틀림없다.
今回の成功は皆さんのご協力の結果にほかならない。 이번 성공은 바로 여러분의 협력 결과입니다.

11과

(1) ～ほうがいい

今日は傘を持っていったほうがいい。
오늘은 우산을 갖고 가는 편이 낫다.
寝る前には食事をしないほうがいい。
자기 전에는 식사를 하지 않는 편이 낫다.

(2) ～とはかぎらない

金持ちが幸福だとはかぎらない。
부자가 꼭 행복하다고 말 할 수 없다.

※ ～わけではない、～とはいえない、～ない かもしれない

アメリカ人が皆、アメリカ文化に詳しいわけではない。 미국인이 모두, 미국 문화를 자세히 안다고는 할 수 없다.
好きな相手と結婚しても、幸せにならないかもしれない。 좋아하는 사람과 결혼해도 행복해지지 않을지도 모른다.

(3) ～そうだ

木村さんは今日来ないそうだ。
기무라씨는 오늘 오지 않는다고 한다.
ニュースによると、明日雨が降るそうだ。
뉴스에 따르면, 내일 비가 내린다고 한다.

12과

(1) ～だけあって

あのレストランは有名なだけあって、いつもお客さんでいっぱいだ。 저 레스토랑은 유명한 만큼, 항상 손님이 많다.

① だけに

知らなかっただけに驚きも大きい。
몰랐던 만큼 놀라움도 크다.
苦労しただけになおさら今回の結果はうれしいでしょうね。 고생한 만큼 이번 결과는 더욱 기쁘겠네요.

② ～だけのことはある

さすが専門家だけのことはある。
역시 전문가다운데가 있다.
おいしい魚だ。とれたてを送ってもらっただけのことはある。 맛있는 생선이다. 갓 잡은 것을 보내준 만큼의 가치가 있다.

(2) ～らしくない

学者らしくない態度。
학자답지 않은 태도.
君らしくない答えだね。
너답지 않은 대답이군.

(3) ～つくす

私たちはパンを食べつくしてしまった。
우리들은 빵을 다 먹어 버렸다.

(4) ～かけ

食べかけのバナナ。
먹다 만 바나나.
この本は読みかけですから、そのままにしておいてください。 이 책은 읽다 말았으니 그대로 놔둬 주세요.
テーブルの上に書きかけの手紙がおいてある。
테이블 위에 쓰다 만 편지가 놓여 있다.

① ～かける

コーヒーを飲みかけたところに電話がかかってきた。 커피를 마시기 시작했을 때 전화가 걸려왔다.
その子はいきなり走りかけた。
그 아이는 갑자기 달리기 시작했다.

② ～かける

彼は死にかけた。그는 죽을 뻔했다.

③ ～たて

入学したての頃、彼女と知り合った。
막 입학했을 무렵 그녀와 서로 알게 되었다.
焼きたてのパンはおいしいですね。
갓 구운 빵은 맛있지요.

(4) ～つくす

私たちはパンを食べつくしてしまった。
우리들은 빵을 다 먹어 버렸다.

연습문제 정답 ::

1과

[본문 내용 확인]

1. いいえ。小さくて驚く人が多いです。

2. とんがり屋根(とんがっています)

3. 元旦の日の出が見えるようになっている。

4. 原宿表参道欅会(はらじゅくおもてさんどうけやき会)

5. ここに駅ビルはいらない。いまの雰囲気を残してほしい。

[문법·문형]

1. a.なん b.どこに c.だれ
   d.どうやって e.どれ f.なぜ

2. a.を b.で c.に
   d.の e.に f.も

3. a.ために b.のに c.ように
   d.ように e.のに f.ために
   g.ように

[일본어능력시험대비]

1. 4 **2.** 3 **3.** 2 **4.** 1

2과

[본문 내용 확인]

1. 週末、山に登ったり河川敷をジョギングしたりしている。

2. 競技としての面とレジャーとしての面。

3. 10代の頃はやみくもに体を動かしていたが、今は体の内側に自分の意識が向いていて、自分の体の癖や歪み、どの筋肉が動かせていないかなどにも気づくようになった。

4. 今まで眠っていた体の機能が少しずつ目覚め、違和感のあった部分が自分の体の一部になっていくような感覚がいい。

[문법·문형]

1. a.しまい b.い c.み
   d.おいて e.き f.いき

2. a.それで b.それから(それに)

(continued)

   c.すると d.そこで e.それに
   f.つまり g.そして

3. a.るんるん b.いらいら c.もじもじ
   d.はらはら e.ふらふら f.どきどき

[일본어능력시험대비]

1. 1 **2.** 4 **3.** 3 **4.** 2

3과

[본문 내용 확인]

1. 両手で胸をたたく。

2. ゴリラは凶暴な動物であると。(好戦的な動物であると)

3. オス同士が戦わずに別れあう一種の儀式めいた行為

4. 社交辞令、お世辞、単刀直入、など

[문법·문형]

1. a.ことにして b.ことになって
   c.ことになる d.ようになる
   e.ようにしている

2. a.効果　痛い
   b.よく磨けない　歯を傷つけて(歯をいためて)
   c.すぎれば　悪い　力
   d.壊れてしまう　弱すぎれば
   e.お金　インフレ　デフレ

3. a.好んで b.たしかに c.まさか
   d.一見　実は e.かつて
   f.もの g.おかげで

4. a.春めいて b.秘密めいた c.冗談めいた
   d.脅迫めいた e.謎めいた

5. a.話しあった b.助けあって c.補いあって
   d.憎しみあう e.出しあって f.殴りあい
   g.理解しあった

[일본어능력시험대비]

1. 3 **2.** 4 **3.** 2 **4.** 1 **5.** 2

4과

[본문 내용 확인]

1. 耕地
2. ニンジン、ダイコン、キュウリ、ナス、白菜、キャベツ、ネギ、ゴボウ、ホウレン草、レタス、ブロッコリー、サンチュ、ゴマの葉、などなど
3. 水を入れない耕地
4. 畑作農業
5. 水田農業

[문법 · 문형]

1. a.あるいは　　　b.つまり　　　　c.すなわち
   d.それに対して　e.というのは　　f.したがって
   g.こうして　　　h.それにもかかわらず
2. a.に対して　　　b.によって　　　c.に関して
   d.によって　　　e.に対して　　　f.に関して
   g.に対して　　　h.に関して
3. a.わけではない　　　　b.わけがない
   c.わけにはいかない
   d.わけがない(わけではない)
   e.わけにはいかない

[일본어능력시험대비]

1. 2　　　2. 1　　　3. 3　　　4. 3
5. 4　　　6. 3

5과

[본문 내용 확인]

1. のんびり
2. 正月
3. ローンを払ったり貯蓄に回した残りで、自分の欲しかったものを買ったり妻や子どもたちに何か買ってやります。
4. にわかやもめ
5. 紅白歌合戦

[문법 · 문형]

1. a.ただし　　　b.それとも　　　c.どうにか

---

d.とはいえ　　　e. というのも　　f.それでも
2. a.まとまった　　b.のんびり　　　c.まるきり
   d.なかなか　　　e.にわかに　　　f.あわただしく
3. a.において　　　b.にあたり　　　c.にむけて
   d.によって　　　e.にとって
4. a.真剣な　　　　b.大丈夫な　　　c.ささやかな
   d.穏やか　　　　e.わずかな　　　f.大事な
5. a.朝食抜き　　　b.ラ抜き　　　　c.骨抜き
   d.塩抜き　　　　e.ガス抜き　　　f.栓抜き
   g.手抜き　　　　h.ごぼう抜き

[일본어능력시험대비]

1. 1　　　2. 2　　　3. 2　　　4. 4　　　5. 3

6과

[본문 내용 확인]

1. 17世紀のはじめと考えられている
2. 陸路と海路
3. 当時ポルトガルが広東のマカオを植民地にしており、直接茶を輸入していたから。

[문법 · 문형]

1. a.伝わり方　　　b.もどして　　　c.重なって
   d.続けて　　　　e.入って　　　　f.減らさない
   g.強まって
2. a.しかし　　　　b.まず　　　　　c.したがって
   d.いわゆる　　　e.ただ　　　　　f.それで
3. a.で　　　　　　b.の　　　　　　c.に
   d.を　　　　　　e.を　　　　　　f.で
   g.を　　に　　　h.に　　が
4. a.はず　　　　　b.はず　　　　　c.べき
   d.べき　　はず　e.べき

[일본어능력시험대비]

1. 3　　　2. 1　　　3. 4　　　4. 2　　　5. 4

[본문 내용 확인]

1. 和を保つ、和つくるなど。

2. (모범답안)

前向きに考えてみます。

検討させていただきます。

今度遊びに来てください。

きのうからうちに大阪が来ている。

(地名で人を表す。直接的な名前を言わない。)

おまえとかあなたと言わないで「ちょっとそこの人」なんて言う。(これも直接的な言葉遣いをきらう日本語の特徴と言えるだろう)

お茶漬けいかがですか?(京都では、もう帰ってほしいという合図という)

お手洗い(これも直接的な語からはずれている。)

3. 発言をせずに黙ったままでニコニコ笑ってだけいたり、話はしても結論をきちんと述べないことがあるため。

4. 論理的にするため

5. 婉曲的な表現

6. 議論や対立を好まない、穏便にことを進めたがる、その場を丸く収めようとする、自己主張が弱い、など。

[문법·문형]

1. a.わざと　　b.わざわざ　　c.わざと

d.わざと　　e.わざわざ

2. (1) 日本語は「的」使うが韓国語は「的」を使わない例。

a. 徹底的 → 철저히

b. 日本的 → 일본풍, 일본식

c. 乙女的 → 소녀 같은, 소녀다운,

(2) 韓国語は「的」使うが日本語は「的」を使わない例。

a. 노골적으로 말한다 → 露骨に言う

b. 극단적인 이야기 → 極端な話

c. 고의적으로 한다 → 故意にやる

3. a.甘すぎ　　b.完璧すぎ　　c.複雑すぎ

d.よすぎる　　e.なさすぎる　　f.雑すぎ

g.派手すぎ

4. a.遠慮なく(遠慮しないで)　　b.落ち着かなくて

c.気が利かなくて　　d.勉強しなくて

e.約束しないで　　f.足りなくて

g.きどらないで　　h.行かないで

[일본어능력시험대비]

1. 4　　**2.** 2　　**3.** 3　　**4.** 2　　**5.** 1

[본문 내용 확인]

1. 表現が適切で分かりやすい。うまく言い表していて感心するなあという感じ。

2. この大学は現役合格は難しい。ほとんどが一浪である。

3. 死体が重なりあっている様子。

4. 運がめぐってきたときにそれを掴める実力を養っておくこと。

5. 運と勇気は決まった量しかない。バクチなどで運を使い果たしたら、もっと重要な運がめぐってこなくなるから。

[문법·문형]

1. a.死なないで　　b.答えられなくて

c.とれなくて　　d.しないで

e.食べないで

2. a.ひどく　　b.どうやら　　c.不思議と

d.絶えず　　e.けだし　　f.なかなか

g.悉く　　h.惜しくも

3. a.書きはじめた　　b.生き残り

c.つかみそこね　　d.めぐってくる

e.のたうちまわる　　f.持ち込み

4. a.に　　b.に、から　　c.に、から

d.に、から　　e.から　　f.に、から

g.によって　　h.に　　i.によって

[일본어능력시험대비]

1. 1　　**2.** 1　　**3.** 4　　**4.** 3　　**5.** 2

[본문 내용 확인]

1. 大晦日には除夜の鐘を聞いて来し方を反省し、元旦には氏神様に一年の繁栄を祈願する、といったように家庭的で精神性にあふれた祝い方をする。

2. 口をへの字に結び、きつい目をして、不満そうに口を尖らせている人がたいへん多いこと。

3. 矢印に従い手前のトイレに入ろうとしたらそこは女性用だった。叱られても仕方のない状態だったが、居合わせた中年女性が笑いながら女性のマークを指さして間違いを教えてくれた。

4. エレベーターで乗り合わせた見知らぬ女性から、「私は糖尿病なので、これから運動しに外へ出て行くの」と話しかけられたことがあり、大変ですねと同情したが、その後女性とは挨拶を交わすようになった。

5. 曖昧笑い(あるいはごまかし笑い)とされ、人々がだんだん避けるようになっていったから。

[문법·문형]

1. a.お読み, くださっている, いらっしゃる
   b.ご遠慮願います　　c.もうしあげます
   d.させていただきます　e.くださった
   f.お目にかけ　　　　g.おきかせください
   h.おいでになる　　　i.おうかがいしたい

2. a.ひとなつっこさ　　b.おもしろさ(おもしろみ)
   c.表れ　　　d.新鮮み(新鮮さ)　　e.重み
   f.深み　　　g.あたたかみ

3. d, g

4. a.から　　　b.が　　　c.と
   d.に　　　　e.に　　　f.に
   g.に　　　　h.が　　　i.を
   j.に　　　　k.から　　l.を

[일본어능력시험대비]

1. 2　　　2. 4　　　3. 3　　　4. 1
5. 4　　　6. 3　　　7. 1

[본문 내용 확인]

1. 本来持って生まれた天分であって、努力や訓練によって開発し、促進しうるものではない、と考えられてきた。

2. 何人かのグループが、ぜったいに他人を批判せず、現実的可能性の有無にかかわらず、自由奔放な考えを発表し合うアイディア開発法である。

3. 上役と下役との心理的圧力関係において、上からの圧力のかかっている職場では、新しいものが生まれてくる可能性が少ない。したがってまた将来性も少ないと考えることができるということ。

4. 人間を鋳型に嵌め込み、常識や、習慣や、伝統や、記憶された知識などが幅をきかせるような社会。

[문법·문형]

1. a.富士山の登山は延期します。
   b.来ないだろう。
   c.犯人は彼かも知れない。
   d.私の話を聞いてください。
   e.ピエロのように振る舞う。
   f.この経験は決して忘れないでください。
   g.テレビドラマじゃあるまいし。
   h.かなわないと思う。
   i.さぞ美味いんだろうなって思いながら見てました。
   j.報われるとはかぎらない。
   k.証拠があまりにも不十分である。

2. a.とはかぎらない　　b.にかぎる
   c.にかぎり/かぎって　d.しかない
   e.とはかぎらない　　f.にかぎらず
   g.にかぎる　　　　　h.しかない
   i.とはかぎらない

3. a.にほかならない　　b.きれない
   c.ざるをえない　　　d.にほかならない
   e.ずにいられない　　f.きれない
   g.ざるをえない　　　h.ざるをえない

4. a.左右される　　　　b.使われる

c.話しかけられ　　　　d.取り入れられ
e. 扱われ　　　　　　 f.言われ, つけられ
g.排除される

[일본어능력시험대비]
1. 3　　　**2.** 1　　　**3.** 4　　　**4.** 3　　　**5.** 3

11과

[본문 내용 확인]
1. 安全なところに住んでいる動物
2. 集団で狩りをするとき、寝たり起きたりしている
人はパフォーマンスが悪いので、だんだん弾き出
された結果、まとめて長く寝るようになった。
3. 睡眠に入るときに90分のサイクルがスムーズに1、
2回できること。これができれば熟睡できる。

[문법·문형]
1. a.の　　　　　b.に　　　　　c.の
d.と　　　　　e.で　　　　　f.で
g.し　　　　　h.に　　　　　i.で
2. a.からのこと　　　　b.からすると
c.からでないと　　　d.からといって
e.からすると, からいって가 가능
f.からいって(からすると도 가능)
g.からでないと　　　h.からすると
i.からみると　　　　j.からといって
3. a.にわたって　　　b.にくらべて
c.に反して　　　　d.にわたって
e.にそって　　　　f.にわたって
g.にかけて　　　　h.にかわって
i.にわたって
4. a.成長される → 成長する
b.ロダンに → ロダンによって
c.似られて → よく似ています
d.安定されるまで → 安定するまで
e.緊張されて → 緊張して
f.発生されたのか → 発生したのか
g.変化されてきました → 変化してきました
5. a.飲ませ　　　b.遊ばせて　　　c.言わせ

d.遅れさせ(遅らせ도 가능)　　　e.喜ばせ
f.払わせ

[일본어능력시험대비]
1. 4　　　**2.** 2　　　**3.** 1　　　**4.** 4
5. 3　　　**6.** 4

12과

[본문 내용 확인]
1. A型は几帳面、B型はマイペース、O型は八方美
人、AB型は二重人格
2. 仕事に関しては几帳面だが、余暇の過ごし方はマ
イペースのような場合とか、小心な人が場面によ
っては意外な大胆さを見せたり、その逆があった
りするなど。
3. 劣等だと信じていた(有色人種の)アボリジニにA型
が多かったこと
4. ドイツ総統のヒットラーがユダヤ人をアウシュヴ
ィッツの捕虜収容所に入れて何百万人も虐殺した
こと。

[문법·문형]
1. a.とりわけ　　b.単に　　　c.わりと
d.切に　　　　e.むしろ　　f.ちなみに
g.ひそかに　　h.さすがに
2. a.目くじらを立てる　　b.目が高い
c.大目に見てあげる　　d.長い目で見る
e.目を疑った　　f.目が回る　　g.目の仇にする
3. a.おびただしい　b.暁天の星　　c.几帳面(だ)
d.千差万別(だ)　e.ボロが出　　f.先天的
g.エセ　　　　　h.焼き直し　　i.そしり
j.見極め　　　　k.けげん　　　l.血なまぐさい
m.こじつけ
4. a.こそ　　　　b. ほど　　　c. こそ
d.つつ　　　　e.こそ　　　　f.ながら
g.がち　　　　h.やら やら

[일본어능력시험대비]
1. 2　　　**2.** 4　　　**3.** 1　　　**4.** 3
5. 4　　　**6.** 2

186

1과

[듣기]

1. (修学旅行)などで訪れた人の中には、その(小さ
さ)に驚いた人も多いのではないでしょうか？ 白
壁に(とんがり)屋根。

2. 今の(原宿)は、(明治神宮)の(存在)抜きには語
れない。

[쓰기 (모범답안)]

1. 彼女のような人は、他にはいません。

2. だめでもともと。

3. 友人に頼みづらいお願いをするとき、どうしますか。

4. とんがりぼうしのかわいらしい建物、それがおし
ゃれタウンの玄関口・原宿駅だ。トレディーな町
だが、すぐそばに明治神宮があり、歴史と現代が
いっしょになっている町でもある。地元の人たち
はその雰囲気をずっと未来にも残したいと思って
いる。

2과

[듣기]

1. 中学、高校(時代)は運動部に(所属)していた(も
のの)、それほど運動が(得意)ということもなか
った。

2. (運動)を続けていると、これまでは(無自覚)だっ
た自分の身体の(癖)や(歪み)、どの(筋肉)が動
かせていないのかなんてことにも(気づく)ように
なってきた。

3. 今の私に(とって)の身体を(動かす)ことの (楽し
み)になっている。

[쓰기 (모범답안)]

1. 彼とつきあうようになってから、成績がぐんぐん
伸びた。

2. 日曜日は、家でテレビを見たりDVDを見たりして
過ごした。

3. そろそろ社会人としての心構えを持たなければな
らない。

4. 昔は運動がそれほど得意というものでもなかった
が、今、体を動かすことがとても楽しい。違和感
のあった部分も自分の体の一部になっていくよう
な感覚があり、これから先もいろいろな気づきが
あると思うと、わくわくしてくる。

3과

[듣기]

1. (体重)200キロを超える(オス)ゴリラが(二足)で
立ち上がって胸をたたけば、あたりを圧する迫力
がある。しかしこれが、人々の(誤解)を生んだ。

2. 人間以外の動物の行動や(心理)をよく知らなかっ
た19世紀の人々は、まさかゴリラが(建前)と(本
音)を理解するとは考えもしなかったに違いない。
ドラミングは(戦う)姿勢を相手に示しながら、(
対等)に平和に別れあうことを提案していたのであ
る。

[쓰기 (모범답안)]

1. 彼の小説は実際にあった話をもとにしているという。

2. もう彼女はこの国にはいないような気がする。

3. 他人様を楽しませてこそ、本物の芸というものだ。

4. いっけん何のつながりもないように見えますが、
実は全て深く関係してるんです。

5. ゴリラでも本音と建前をうまく使い分けているの
に、最近の人間社会をみていると表面的な部分が
重視され、行為の底に潜んだメッセージを読み解
くことができなくなっているのではないか。

4과

[듣기]

1. 「夕」は水を(入れる)耕地で、日本の米は(主に)
「夕」で作られる。「ハタケ」は水を(入れない)耕
地で、(麦)や野菜が作られる。

2. 日本と朝鮮半島は、同じ(古代)の中国文明の(影
響)を受けていながら、「夕」と「ハタケ」を意味す
る漢字に関して、なぜこのような違いが(生じた)

のであろうか。簡単には説明できないが、朝鮮半島は古くから(畑作)農業を中心とする華北地方の文明の影響をうけたため、「田＝水を入れない耕地」という意味になったのではないだろうか。それに対して日本は(水田)農業を中心とする華南、華中地方の文明の影響を強くうけたため、「田＝水を入れる耕地」という意味になったのではないだろうか。

[쓰기 (모범답안)]

1. それで、丸い形のお金が使われるようになったというわけである。
2. 日本小説の原書が読めるようになるのはいつだろうか。
3. チョコレートもタバコやお酒と同様に、言ってみれば嗜好品です。
4. 文字や言葉が作られる過程においては、文明の影響がかなり大きいようだ。日本では「田」は水田を意味し、韓国では乾いた畑を意味する。同じ中国からの影響でも、華中(華南)か華北かによって違いが生じてきたものと思われる。

5과

[듣기]

1. 日ごろ世話になっている知人、仕事の(得意先)への年始回りなど、まるきり仕事抜きというわけにもいかないが、それでも(こたつ)を囲んで(おとそ)を飲みながらテレビの正月番組を見たり、いつもは(接触)時間の少ない子どもたちとも親子の(対話)をしたりして過ごせる。
2. 7月(下旬)から約1か月間、子どもたちは学校が夏休みに入る。父親もその間に1週間ぐらいの夏休みをとるのが普通。日ごろ(働きづめ)の父親としては家でゆっくり(くつろぎたい)ところだが、旅行やドライブなどの家庭サービスで(ふだん)の日より疲れてしまうか、逆に妻や子どもたちだけ(里帰り)や旅行に出し、父親は「にわかやもめ」で(留守番)というケースが多い。

[쓰기 (모범답안)]

1. 彼は駐在員として大阪に行く予定だ。
2. このまま諦めるわけにはいかないという気持ちだった。
3. 正月はのんびり過ごし、夏まで目一杯働く。夏のボーナスをもらい、休みをとり家庭サービスをする。秋は運動会に出たりして年末まで目一杯仕事。12月28日ごろに仕事納めとなり、31日のおおみそかには紅白歌合戦を見、年越しそばを食べながら新年を迎える。

6과

[듣기]

1. (すなわち)16世紀になってアフリカを回る海路が開かれるまでは、中国とヨーロッパは(いわゆる)シルクロードによって結ばれており、交易が行なわれていた。(したがって)、茶がかなり早くからヨーロッパに知られていたと考えてもおかしくない。(しかし)今のところ、茶がシルクロードを通ってヨーロッパに伝わった記録はない。
2. このように、茶は早くからこれらの陸路によって(ヨーロッパ)に伝わっていたのではないかと(推測)される。しかし、これについては今のところ(証拠)となる記録がないため、あくまで推測にすぎず、今後における歴史的、(言語学的)研究に期待する(ほかない)。

[쓰기 (모범답안)]

1. この店の野菜は、いつも新鮮そのものです。
2. これは、円高と原油安が重なったことによる。
3. 「もし賢い人が間違いをしないとしたら、愚か者は絶望するほかないだろう。」(ゲーテの名言)
4. 世界各国の茶の呼び名には二通りある。cha系とte系がそれである。cha系は主に陸路を介して伝わったものと考えられ、te系は海路を通して伝わったものではないかと推測される。

[듣기]

1. 同一性の強い(むら集団)の中においては、互いに(意思疎通)を図ることが比較的容易であり、その和を(乱す)ような強度の(自己主張)の必要性は薄い。

2. 一般的に日本語は(主語)がなくても通じるようにできている。それなのに(わざわざ)主語を(冠する)ことは、「自己主張が強く(なりすぎないか)」「相手に嫌な気持ちを(いだかせないか)」という心配を(生じさせる)ことになる。

3. もちろん英語などの他の言語にも(婉曲的)な(言い回し)はあるが、それでもそれは日本語に比べると(相対的に)少ないといっていい。

4. これらの原因には日本人の英語への(自信のなさ)も関係しているが、それをさしひいても欧米基準からみた日本人の「自己主張の(弱さ)」は、一つの(国民的特徴)と言えるだろう。議論や対立は好まず、「どうか(穏便に)」「その場を(丸く収めよう)」とするのが日本人の性質だ。

[쓰기 (모범답안)]

1. 題名からすると、これは日本文化と関係のありそうな本ですね。

2. 5時か。彼女、もう東京に到着しているはずだな。

3. 忘れることもままある。

4. 言語は、その文化と密接に結び付いている。主語を明確にしてはっきりと自己主張をするヨーロッパ系の言語とは異なり、日本語の場合は主語を明確にせず婉曲的でぼかした表現が多い。そのため、日本人は何を考えているかわからないと、欧米の人々から誤解されることもまま見られる。

[듣기]

1. 若い頃は、運とは(偶然)の産物で、運の(有無)で人生が左右されると思うのは、愚かだと教えられた。だが、4分の3(世紀)生きてくると、努力だけでは達成できない何かがある。それが偶然の積み重ねで(成否)が決定したに過ぎないと思うと、人生そのものがひどく(空しく)思えるようになった。

2. 世の中は運(次第)だから、努力は(無駄だ)と考えるのは早計である。運を掴むのは実力である。実力は絶えず(努力)することで身につけるしかない。(せっかく)運がめぐってきたとき、努力を怠ったために実力が(伴わず)、運を掴みそこねた事例を(数限りなく)見てきた。努力を続け、実力を持つ。それに(報い)があるかないかが、運というものである。

[쓰기 (모범답안)]

1. 彼の主張は机上の空論にすぎない。

2. 売れ残りの商品は今日中にさばくしかないですよ。

3. せっかくのお休みだったんですけど、片付けもので一日終わってしまいました。

4. 世の中は運次第といった表現もあるが、運がめぐってきたときそれを捕まえることのできる実力を養っておく必要がある。たゆまず努力を続け、あとは天にまかそうという気構えが重要だ。

[듣기]

1. (お住まい)の国の新年(風景)はいかがだったでしょうか。外国のお正月は日本とはかなり違います。アメリカの大都市の(広場)では大晦日に新年のカウントダウンを行ったり、午前零時を(期して)花火を打ち上げたりして大騒ぎをする所もあります。

2. 街中で(文句)を言われたり、(言いがかり)を付けられたりする訳ではないのですが、電車の中で女性から(きつい目)で見られると(痴漢)でもないのに何か悪いことをしたのではないかと不安を感じてしまいます。

3. 異民族の中に入りそこで(安穏)な生活を続けるた

めには身の周りの人に、自分には(危害)を加える
つもりがないこと、周りの人と同様に(健全)な人
間であることを知って貰わねばなりません。見知
らぬ人に出会ったら敵意がないことを先に示すの
が(肝心)です。「(笑顔)」はそれを示す重要なボ
ディー・ランゲージなのです。

[쓰기 (모범답안)]

1. 彼女はおいしそうにケーキを食べています。
2. 文面を読む限り、彼はあなたに対して間違いなく
   好意を抱いていると思います。
3. MSNチャットに入ろうとするとエラーが出てしま
   います。
4. 友だちのおかげで、気持ちよく登校することがで
   きるようになりました。
5. 世界では今でも「微笑はダイヤモンド」である。街
   角ですれ違いざま微笑したり、エレベーターの中
   で乗り合わせた人に笑顔を与えたりすることは、
   人付き合いの場における人間性の表れであろう。
   笑顔を大切にしたいものだ。

10과

[듣기]

1. 伝統を守ることも(さることながら)、現代のよう
   なスピード時代においては、だれもが、新しいも
   のをつぎつぎと(生み出していく)必要に迫られて
   いる。
2. とくに、(文科系)出身のビジネスマンなどは、特
   別な技術も身につけずにビジネス社会で(勝負)し
   ようというのだから、創造性を持つことは絶対(不
   可欠)の義務である。
3. しかしある会社では、課長が出てくると係長が黙
   ってしまい、部長が出てくると課長以下が、借り
   てきた(猫)のようにおとなしくなってしまう。こ
   んな会社では、(若手)社員の創造的な力が十分(
   発揮)されるはずがなく、将来性も少ないと診断せ
   ざるをえない。

[쓰기 (모범답안)]

1. 展示物の魅力もさることながら、解説の充実ぶり
   が素晴らしい。
2. このカメラは値段のわりには性能がいい。
3. 結果の如何にかかわらず、今回の企画は実施する
   予定だ。
4. そんなはずはないんですけどねえ。
5. 人間を鋳型に嵌め込み、常識や習慣、伝統にとら
   われている環境では創造性というものは育たな
   い。既成概念にとらわれることなく、自由奔放な
   思考形式を育ててゆくためには、社会全体の協力
   も重要だ。

11과

[듣기]

1. 人間は(草原)で狩りをしていましたから、危なく
   て長く眠れないグループに入ります。一方で、脳
   が非常に(発達)してしまったために、体を休める
   「レム睡眠」と脳の(機能)を再調整する「ノンレム
   睡眠」を組み合わせた睡眠が必要になった。
2. 僕の(実感)では、年を取ると2サイクルでいい。
   毎日2時間で(平気)な人は、1サイクルで(良質)
   な睡眠が成立するのでしょう。昔は明るい時間に
   活動して、暗くなったら休む生活だった。電気も
   何もありませんでしたからね。その一部分で寝て
   いたんです。(就寝)していることがイコール睡眠
   ではなく、90分のサイクルを3、4回繰り返すこ
   とが睡眠。最初に良い睡眠が取れるかどうかが大
   事で、1回目、2回目のサイクルが(勝負どころ)
   です。

[쓰기 (모범답안)]

1. 平気でうそをつく人とは、つきあいたくないものだ。
2. 発行されたばかりの紙幣が、もう偽造されている
   んですか。
3. 明日は明日の風が吹く。もっと肩の力を抜いても
   いいんじゃないか。
4. 今回の新製品が売れるかどうかは、だれにもわか
   らない。

5. 人間は本来スプリットされた睡眠をしていたのだ
が、これでは狩りをしているときにも寝たり起き
たりすることになる。長い年月をかけて夜間にま
とめて寝て日中に長く起きて、最大のパフォーマ
ンスが発揮できるように進化してきたと考えられ
る。

12과

[듣기]

1. そのほとんどが、人間の性格は(血液型)で決まる
ということを(前提)としたもので、これに(異議)
をさしはさむページは(暁天の星)のごとくに少な
い。

2. 血液型の(分布)には(地域的)な(変異)がある。
私と同じB型はヨーロッパ人には少ないようだ
が、ヨーロッパ人にはマイペースな人は少ないの
だろうか？ むしろ(逆)のような気がする。

3. 性格とは(素質)と(環境)の絡み合いで形成される
ものであり、その絡み方は人それぞれである。だ
から、一人一人を(偏見)なく見極めることこそ大
事なことであり、たかが血液型で判断しようなど
というのは、(怠慢)のそしりを免れない。

[쓰기 (모범답안)]

1. 担当医の話によると、この薬、効いているらしいよ。

2. どうも彼がうそをついているように思われてなら
ない。

3. 「服薬と異常行動の間に関連がないとはいえない」
とする研究結果を報告した。

4. 数年以内に韓半島に大きな変化がおとずれるにち
がいない。

5. 血液型性格判断が常識となっているのは、日本と
韓国だけである。これは仲間同士の冗談レベルの
話なら問題はないが、差別につながる危険性をは
らんでいる。性格というのは素質と環境の絡み合
いで形成されるもの。血液型だけでバサッと切り
捨ててしまうような行為は慎んだ方がいい。

중요 표현 색인 ::

192

단어 색인 ::

学歴(がくれき)	학력	10과
かげり	어두운 그늘	3과
囲(かこ)む	두르다, 에워싸다	5과
賢(かしこ)い	현명하다	10과
風当(かぜあ)たり	비난, 바람이 몰아침	4과
河川敷(かせんしき)	하천부지	2과
傾(かたむ)ける	기울이다	4과
肩(かた)もみ	어깨 주무르기	3과
華中(かちゅう)	화중	4과
かつて	일찍이	10과
勝手(かって)	마음대로	11과
活動(かつどう)	활동	11과
活躍(かつやく)	활약	8과
家庭的(かていてき)	가정적	9과
門出(かどで)	나섬	11과
華南(かなん)	화남	4과
華北(かほく)	화북	4과
髪質(かみしつ)	머릿결	5과
身体(からだ/しんたい)	신체	2과
絡(から)み方(かた)	조합 방법	12과
狩(か)り	수렵	11과
交(か)わす	나누다	9과
灌漑(かんがい)	관개	7과
感覚(かんかく)	감각	2과
環境(かんきょう)	환경	12과
関係(かんけい)	관계	2과
簡潔(かんけつ)	간결	9과
肝心(かんじん)	중요	9과
頑丈(がんじょう)	튼튼함	3과
冠(かん)する	붙이다	7과
感想(かんそう)	감상	9과
元旦(がんたん)	설날	9과

広東語(かんとんご)	광동어	6과
慣例(かんれい)	관례	5과

き

奇異(きい)	기이, 이상함	7과
機会(きかい)	기회	2과
危害(きがい)	피해	9과
祈願(きがん)	기원	2과
危機(きき)	위기	11과
危険(きけん)	위험	11과
機嫌(きげん)	기분	2과
帰国(きこく)	귀국	9과
刻(きざ)む	새기다	4과
来(き)し方(かた)	과거	9과
儀式(ぎしき)	의식	3과
競(きそ)う	경쟁하다	2과
几帳面(きちょうめん)	꼼꼼함	12과
きつい	심하다	9과
気(き)づく	눈치채다	2과
機内(きない)	기내	8과
気(き)にする	마음에 두다	3과
気(き)になる	걱정이 되다	7,9과
機能(きのう)	기능	11과
基盤(きばん)	기반	7과
忌避(きひ)	기피	7과
気分的(きぶんてき)	기분적	9과
規模(きぼ)	규모	12과
義務(ぎむ)	의무	10과
却下(きゃっか)	각하	6과
驚異的(きょういてき)	경이적	5과
競技(きょうぎ)	경기	2과

そ

創意(そうい)	창의	12과
早計(そうけい)	경솔한 판단	6,8과
草原(そうげん)	초원	11과
想像(そうぞう)	상상	1과
創造性(そうぞうせい)	창조성	10과
総体的(そうたいてき)	총체적	9과
想定(そうてい)	상정	1과
相当(そうとう)	꽤	11과
遭難(そうなん)	조난	8과
総務(そうむ)	총무	8과
促進 (そくしん)	촉진	10과
属(ぞく)する	속하다	6과
素質(そしつ)	소질	12과
そしり	비난	12과
粗末(そまつ)だ	허술하다	10과
染(そ)まる	염색되다	5과
染(そ)め	염색	3과

た

田(た)	논	4과
他愛(たあい)のない	쓸데없다	2과
大事(だいじ)	중요함	12과
体重(たいじゅう)	체중	3과
対称性(たいしょうせい)	대칭성	4과
耐振性(たいしんせい)	내진성	4과
大切(たいせつ)さ	소중함	3과
対談(たいだん)	대담	8과
大胆(だいたん)	대담	12과
対等(たいとう)	대등	3과
大半(たいはん)	대부분	5과

大別(たいべつ)	크게 나눔	6과
怠慢(たいまん)	태만	12과
対話(たいわ)	대화	5과
絶(た)えず	끊임없이	8과
たかが	겨우	12과
宝(たから)くじ	복권	4과
たくましさ	다부짐	5과
竹(たけ)の子族(こぞく)	다케노코족	1과
多彩(たさい)	다채	7과
戦(たたか)う	싸우다	3과
達成(たっせい)	달성	8과
建前(たてまえ)	겉마음	3과
他人(たにん)	타인	3과
だます	속이다	12과
単語(たんご)	단어	1과
断言(だんげん)	단언	7과
探検家(たんけんか)	탐험가	3과
単独犯(たんどくはん)	단독범	4과

ち

治安(ちあん)	치안	9과
地域差(ちいきさ)	지역차	12과
痴漢(ちかん)	치한	9과
知識 (ちしき)	지식	10과
秩序(ちつじょ)	질서	4과
血(ち)なまぐさい	참혹하다	12과
ちなみに	덧붙히면	12과
地方(ちほう)	지방	4과
茶髪(ちゃぱつ)	갈색머리	5과
ちゃぶ台(だい)	밥상	3과
注意(ちゅうい)	주의	1과

204

206